Rainald Bierstedt

OLYMPISCHE SPIELE UND GOLF
Schau kurz zurück, um Künftiges besser zu überblicken!

Teil 1 der 5-teiligen Reihe
Beiträge zur Verbreitung der Olympischen Idee im Juniorgolfsport

Die 5-teilige Reihe im Überblick:

Teil 1:
OLYMPISCHE SPIELE UND GOLF
Schau kurz zurück, um Künftiges besser zu überblicken!

Teil 2:
OLYMPISCHE IDEE UND IDEALE IM GOLF
Grundlegende Orientierung auch für dich!

Teil 3:
FAIR GEHT VOR! UND SPIRIT OF THE GAME.
Zeige, dass du Sportsgeist hast!

Teil 4:
CITIUS – ALTIUS – FORTIUS:
TRAINIEREN UND WETTKÄMPFEN IM GOLF
Gib dein Bestes, Leistung macht Spaß!

Teil 5:
GOLF-OLYMPISCHES WORKBOOK
Festige bzw. teste dein Olympisches Wissen!

Rainald Bierstedt

OLYMPISCHE SPIELE

UND GOLF

Schau kurz zurück, um Künftiges besser zu überblicken!

Teil 1
der 5-teiligen Reihe
Beiträge zur Verbreitung der Olympischen Idee im Juniorgolfsport

Bibliografische Information der Deutschen Nationalbibliothek:
Die Deutsche Nationalbibliothek verzeichnet diese Publikation in der Deutschen Nationalbibliografie; detaillierte bibliografische Daten sind im Internet über http://dnb.d-nb.de abrufbar.

2. Version Januar 2017

© Rainald Bierstedt 2017

Herstellung und Verlag:
BoD – Books on Demand, Norderstedt
ISBN 978-3-7431-7956-1

Die Beiträge des Autors zur Verbreitung des Olympischen Gedankens im Golfsport stützen sich im Wesentlichen auf Erfahrungen und Erkenntnisse aus seinen zurückliegenden Tätigkeiten seit 1995 als ...

- Lehrer für das Wahlpflichtfach 1 und 2 Golfsport an der Grund- und Gesamtschule Spreenhagen (bei Berlin) sowie an der 1. Oberschule Fürstenwalde (jetzt Spree-Oberschule),
- Leiter einer Schulsport-AG Golfsport im Rahmen der Jugendinitiative „Abschlag Schule" des DGV u. der VcG,
- Projektleiter des DGV-Schülerprojekts Golf-WM 2000,
- Mitorganisator bei der deutschlandweiten Einführung bzw. Etablierung von Golf in JUGEND TRAINIERT FÜR OLYMPIA,
- Beauftragter für Schulgolf des Landes Brandenburg im Auftrag des Ministeriums für Bildung, Jugend und Sport,
- Verantwortlicher für die Durchführung der Brandenburger Landesfinals Golf JUGEND TRAINIERT FÜR OLYMPIA,
- Durchführender diverser Projekte GOLF& OLYMPIA,
- Jugendwart eines Golf Clubs,
- Schulsportbeauftragter eines Golf Clubs,
- Teilnehmer an einem Trainer-C-Lehrgang Breitensport / Schulgolfsport,
- Lehrbeauftragter an der Universität Potsdam, Institut für Sportwissenschaften, für das Themenfeld „Pädagogische Aspekte des Golfsports",
- Verantwortlicher für 17 Lehrer-Fortbildungsveranstaltungen „Schulgolfsport" im Land Brandenburg,
- Gestalter und Betreuer der Info-Points „Golf & Schule" sowie „Golf–Olympia–Jugend" im Resort A-Rosa Scharmützelsee, in Kooperation mit der Deutschen Olympischen Gesellschaft,
- Referent zu Fragen des Schulgolfsports, u.a. an der Deutschen Sporthochschule Köln
  sowie
- als Autor von 25 Publikationen über Golfsport.

Mit

freundlicher Empfehlung

INHALT

Einleitung 8

I. Die Olympischen Spiele der Antike 10

    1. Geschichtlicher Verlauf, ein kurzer Abriss
    2. Die Kult- und Kampfstätte Olympia
    3. Teilnehmer und Teilnahmebedingungen
    4. Ablauf und Zeremonien
    5. Die sportlichen Wettkämpfe, die Agone
    6. Über das Siegen und Verlieren
    7. Über die Olympia-Zuschauer

II. Die Olympischen Spiele der Neuzeit 41

    1. Erste Ideen / Versuche zur Wiederbelebung der Olympien
    2. Begründung des modernen Olympismus durch Coubertin

III. Golf und Olympia 54

    1. Paris 1900: Das erste olympische Golfturnier
    2. St. Louis 1904: Das zweite olympische Golfturnier
    3. Über Bemühungen um ein Golf-Comeback
    4. Rio 2016: Das olympische Golf-Comeback
    5. Olympic Golf – Tokio 2020

Anhang: Literaturhinweise 71

Einleitung

Hallo Golffreunde,

wir alle haben sicherlich noch die beeindruckenden Bilder von den Olympischen Sommerspielen in Rio in Erinnerung. Faszinierend! Einfach cool! Man möchte dabei gewesen sein!

Golf stand nach 112 Jahren wieder auf dem Olympischen Programm. Darüber freuten wir uns alle sehr. Mehr noch, auch künftig wird Golf olympisch sein.

Und du könntest dabei sein, oder auch du. Als Spieler oder als Zuschauer. Auf jeden Fall ist man dann Teil der wunderbaren Olympischen Bewegung. Aus dieser Sicht ist es sicherlich spannend, mehr zu erfahren, wie das eigentlich mit Olympia und seinen Spielen anfing, wie es sich weiterentwickelte und welche Rolle Golf dabei spielte. Schließlich möchte man ja als Mitglied der Olympischen Familie Bescheid wissen.

Das 1. Kapitel ist dann auch Olympia der Antike gewidmet. Es ist schon erstaunlich, was die alten Griechen zustande gebracht haben, immerhin vor über 2000 Jahren!

Die Visionen des großen Pierre de Coubertin stehen im Mittelpunkt des 2. Kapitels, das sich vor allem mit der Wiedereinführung der Olympischen Spiele beschäftigt.

Und schließlich, das für Golfer vielleicht wichtigste Kapitel: Golf bei Olympischen Spielen. Aber lest selber nach.

Allzeit schönes Spiel!

Der Autor

„Das Hauptmerkmal des alten wie des neuzeitlichen Olympismus ist, dass er eine Religion darstellt ... eine religio athletae ... Der antike Athlet ehrte die Götter ... Grundsätzlich ... hatte ich recht, um den erneuerten Olympismus ein gewandeltes religiöses Gefühl wiederherzustellen, das durch den Internationalismus und die Demokratie ... vergrößert wurde ..."

Pierre de Coubertin

I. Die Olympischen Spiele der Antike

1. Geschichtlicher Verlauf, ein kurzer Abriss

Eine Bemerkung vorweg:
über Ereignisse, die 3000 und mehr Jahre zurückliegen, gibt es keine zeitnahen Dokumentationen mehr. Meistens wurde erst Jahrhunderte später darüber berichtet, gemalt, geschrieben, gestaltet. Aus der Vielfalt von Sagen und sagenhaften Berichten, Erzählungen oder Gedichten alter griechischer Schriftsteller und Poeten (oftmals fragmentarisch und ausgeschmückt) sowie auf der Grundlage der Ergebnisse von Ausgrabungen, Forschungen sowie Analysen von Kunstwerken kann man jedoch einen Überblick über die Olympischen Spiele der Antike gewinnen.

Von den allerersten Anfängen in Olympia
Ein kleiner Ort im Nordwesten der Halbinsel Peloponnes in Griechenland machte Geschichte: Olympia.

Schon im 11. Jahrhundert v. Chr. entstand dort eine Kultstätte, an denen Bauern und Hirten aus der Umgebung den zahlreichen Göttern Opfer darbrachten und um eine gute Ernte baten. Vermutet wird, dass schon in dieser Zeit lokale Wettkämpfe veranstaltet wurden.

Olympia entwickelte sich im Laufe der Zeit zu einem Heiligtum, einem Ort mit Gebäuden, Statuen usw. von zentraler religiöser Bedeutung, dem eine besondere Verehrung und Wertschätzung beigemessen wurde.

Vor allem war es aber das Heiligtum des Zeus, der als Vater der Götter und Menschen besonders verehrt wurde.

Über den Ursprung der Olympischen Spiele der Antike

Wer waren die Begründer der antiken Spiele? Und aus welchem Anlass wurden sie durchgeführt? Auch das lässt sich nicht zweifelsfrei bestimmen.

Entsprechend der griechischen Mythologie sind mehrere Begründer und Begründungen gegeben, fünf davon sollen hier kurz aufgeführt werden:

Pelops, Sohn des Königs Tantalos

Der Sage entsprechend soll Pelops mit Hilfe von Myrtilos den König Oinomaos im Wagenrennen besiegt (mit unlauteren Mitteln) und damit seine Tochter als Frau gewonnen und die Herrschaft über Pisa übernommen haben, die er später auf Olympia ausdehnte. Dort soll Pelops dem Zeus zu Ehren die Olympischen Spiele als Leichenspiele eingeführt haben.

Herakles, der thebanischer Volksheld, Sohn des Zeus

Herkules, so der lateinische Name für Herakles, wurde durch seine Stärke ein berühmter altgriechischer Nationalheros, dem göttliche Ehren zukamen.

Er war Heil- und Orakelgott, Beschirmer der Sportstätten und Paläste. Einer Sage zufolge soll er die Olympischen Spiele am Grab des Pelops als Leichenspiele eingerichtet haben, um ihn zu ehren.

Herakles, der idäische

Der Sage nach soll Rhea (Mutter des Zeus) den idäischen Herakles und seine 4 Brüder die Erziehung des jungen Zeus anvertraut haben, als sie ihn auf Kreta vor Kronos verstecken musste. Dieser idäische Herakles soll später von Kreta aus mit seinen Brüdern nach Peloponnes gekommen sein. Dort habe er einen Wettlauf organisiert und den Sieger mit einem Zweig eines wilden Ölbaumes geehrt.

Zeus, oberster Gott der griechischen Mythologie
Zeus selbst kommt als Begründer der Spiele natürlich auch in Betracht, die er zur Feier seines Sieges über Kronos veranstaltet haben soll.

König Iphitos von Elis
Im alten Griechenland waren Kriege zwischen den Stämmen und Stadtstaaten keine Seltenheit. Dem König Iphitos soll es gelungen sein, mit den Herrschern von Pisa und Sparta einen Vertrag auszuhandeln, der für Olympia die Ekecheiria verkündet: die heilige Waffenruhe.

Der Vertrag soll auf einem Diskus eingraviert worden sein, den auch der große griechische Philosoph Aristoteles gesehen haben will, mit diesem Text:

„Olympia ist ein heiliger Ort, wer es wagt, diese Stätte mit bewaffneter Macht zu betreten, wird als Gottesfrevler gebrandmarkt. Ebenso gottlos ist aber auch jeder, der, wenn es in seiner Macht steht, eine Untat nicht rächt."

Eine weitere Sage berichtet davon, dass Iphitos folgenden Rat vom Orakel von Delphi erhalten habe:

„Beschützt euer Vaterland. Enthaltet euch des Krieges, pflegt die gemeinsame Freundschaft mit den Hellenen, solange zu euren alljährlichen Festspielen das Freudenjahr kommt."

Daraufhin soll Iphitos das jährliche Fest in Olympia, eines von vielen, auserkoren haben, um es zu einem besonderen Fest der hellenischen (griechischen) Stämme zu machen. Um auch jene Stämme, die einen weiten beschwerlichen Anreiseweg hatten, eine Teilnahme zu ermöglichen, sollte dieses Fest aller Griechen regelmäßig alle vier Jahre stattfinden. In diesem Sinne erneuerte er die Olympischen Spiele.

Über den Zeitpunkt der 1. Olympischen Spiele der Antike
Die ersten Wettkämpfe (Laufwettbewerbe) sollen im 8. Jh. v. Chr. stattgefunden haben.

Hippias von Elis, ein so genannter Sophist („Weisheitsbringer", seinerzeit geläufige Berufsbezeichnung für Wanderlehrer), rekonstruierte im ausgehenden 5. Jh. v. Chr. Siegerlisten und kam auf das Jahr 776 v. Chr. als Beginn der Spiele. Vermutlich ging er von der nach den Perserkriegen durchgeführten Reform der Spiele von 476 v. Chr. aus und rechnete 300 Jahre zurück. Diese Jahreszahl ist umstritten, zumal es auch verschiedene Olympiadensysteme gab. Man kann davon ausgehen, dass die Olympischen Spiele der Antike in einem Zeitraum von etwa 1000 Jahren bis ins 4. Jh. n. Chr. hinein durchgeführt wurden.

Etablierung und Aufschwung der Olympischen Spiele
Die weitere Entwicklung war zunächst gekennzeichnet durch die Etablierung und den Aufschwung des olympischen Sports im 7. und 6. Jahrhundert v. Chr. in ganz Griechenland. Dies hing wesentlich mit der Herausbildung und raschen Entwicklung der Stadtstaaten zusammen, die das wirtschaftliche, politische und kulturelle Leben maßgeblich beeinflussten. Auf Peloponnes waren das vor allem Elis, Sparta und Pisa. Die griechische Gymnastik (damaliger Begriff für Körpererziehung) hatte einen hohen Stellenwert erlangt und war ein wichtiges Mittel der körperlichen Ertüchtigung sowie der Erziehung harmonisch vollendeter Menschen. Die Griechen entwickelten daraus ihr Erziehungsideal: die Kalokagathia, die Einheit vom Guten und Schönen. Der freie Bürger sollte körperlich wohlgeformt charakterlich-moralisch sauber sei. Die Gymnastik, also das sportliche Training, und die Agonostik, die Wettkampftätigkeit, waren auf dieses Ziel ausgerichtet.

Es gehörte zu den Grundsätzen jener Zeit, Körper und Geist zu Ehren der Götter zu formen. In diesem Sinne waren die Olympischen Spiele als religiöses Nationalfest bei allen Griechen hoch angesehen.

Nach den Spielen in Olympia entstanden ab Mitte/Ende des 6. Jahrhunderts weitere gesamtgriechische Festspiele (Pythische Spiele, Isthmische Spiele, Nemeische Spiele) und auch lokale Feste zu Ehren der Götter, die unter dem Begriff Panhellenische Spiele der Antike zusammengefasst werden. Das bedeutendste Ereignis des Panhellenischen (alle Griechen zusammenführenden) Zyklus waren die Olympischen Spiele in Olympia. Wahrscheinlich begingen die Griechen einst alljährlich dieses Fest. Um aber immer mehr Menschen aus der weiteren Umgebung anzuziehen, ist man sicherlich zu einem 4-Jahresrhythmus ab 776 v. Chr. übergegangen. Dieser Jahreszeitraum zwischen den Olympischen Spielen wird demnach als *„Olympiade"* bezeichnet.

Die Blütezeit
Zu Zeiten der Perserkriege (etwa 500 bis 450 v. Chr.) und danach erreichten die Olympischen Spiele der Antike ihre Blütezeit. Der Sieg über die persische Großmacht war vor allem ein Verdienst der körperlich gut geschulten griechischen Krieger. Dieser Erfolg begünstigte sehr die wirtschaftliche und kulturelle Entwicklung. Wissenschaften begannen sich herauszubilden, Dichter, Bildhauer und Architekten gestalteten in ihren Werken die körperliche und geistige Schönheit des Menschen, Philosophen sannen über den Sinn des Lebens nach. In dieser Atmosphäre wurde Olympia immer mehr zum Treffpunkt freier Geister und hochmotivierter Athleten. Der „Vater der Geschichtsschreibung" Herodot (490/480 bis etwa 424 v. Chr.) las in Olympia aus seinen Werken. Der größte Bildhauer der Antike, Phidias (500 bis 432 v. Chr.), schuf die berühmte 12 m hohe Zeusstatue, die zu den Sieben Weltwundern der Antike gehört. Pindaros (522 bis 445 v. Chr.), einer der bekanntesten Lyriker jener Zeit, schrieb Oden auf die olympischen Sieger. Prachtvolle Bauten entstehen in Olympia. Die Anzahl der Disziplinen wurde erweitert. Olympia ist zu einem kulturellen Mittelpunkt Griechenlands und des gesamten Mittelmeerraums geworden.

Beliebtheit der Spiele hält an, aber auch Stagnation und Krise
Die Entwicklung der griechischen Stadtstaaten begann zu stagnieren, eine lang anhaltende Krise setzte ein, die sich etwa von 440 bis 338 v. Chr. erstreckte. Für gymnastische Ausbildung blieb wenig Zeit.

Die wachsende Spezialisierung in der Wirtschaft und vielen anderen Lebensbereichen führte auch zu einer zunehmenden Spezialisierung im Sport. Das berufsmäßige Athletentum entsteht. Die ständigen Kriege und kriegerischen Auseinandersetzungen, so zum Beispiel zwischen Athen und Sparta, Elis und Sparta oder Elis gegen die Arkader (älteste Volksstamm auf der Peloponnes), schränkten den Wirkungsbereich der Olympischen Spiele erheblich ein. Es kam sogar zu Besetzungen Olympias durch die Arkader. Auch die zunehmenden Auseinandersetzungen zwischen Aristokraten und Demokraten waren für die olympische Entwicklung nicht förderlich. Dennoch, die Griechen blieben sich ihrer kulturellen Zusammengehörigkeit bewusst, was unter anderem auch erklärt, dass die Olympischen Spiele weiterhin beliebt waren.

Die hellenistische Periode (ca. 338 bis etwa 146 v. Chr.)
Kennzeichen der Hellenisierung ist die Verbreitung des „Griechentums" (der griechischen Kultur) im Orient und anderen eroberten Gebieten (vor allem durch Alexander dem Großen).

Im Gegenzug beeinflusste die orientalische Kultur die Griechen. Die hellenistische Welt umfasste einen riesigen Raum, der von Sizilien und Unteritalien über Griechenland bis nach Indien und vom Schwarzen Meer bis nach Ägypten reichte.

Nach einem kurzen Aufschwung spitzten sich bald die Widersprüche im alten Griechenland zu. Das schlug auch auf den Olympischen Sport durch. Auch hier gab es ein Auf und Ab. Weitere glanzvolle Olympiabauten wurden geschaffen (z. B. das Gymnasion) oder erneuert (z. B. das Stadion). Andererseits gab es Anzeichen eines Verfalls der Olympischen Spiele.

Immer weniger gelang es, motivierte Athleten nach Olympia zu holen. Stattdessen nahmen jetzt immer mehr Griechen aus den Randgebieten der griechischen Welt (z. B. Sizilien, Kleinasien, Ägypten, Syrien) teil, die größtenteils nicht von dem einstigen gymnastischen Ideal beseelt waren.

Das Berufsathletentum hatte sich bei den Spielen durchgesetzt. Rücksichtslosigkeit und Brutalität im Wettkampf nahmen deutlich zu. Ebenso die Sensationslust der zuschauenden Massen.

Mit "Messe, Markt, Akrobaten, Belustigungen, Diebe" fasste der Komödiendichter Menandros (etwa 342 bis 292 v. Chr.) seine Beobachtungen ironisch und sicherlich überspitzt zusammen.

Die römische Periode (146 v. Chr. bis ins 4. Jh. n. Chr.)
Die Römer eroberten und besetzten Griechenland. Die Olympischen Spiele wurden weiterhin durchgeführt, jedoch zeigten die neuen Herrscher zunächst wenig Interesse. Der panhellenische Charakter eines nationalen Festes ging verloren. Nunmehr konnten auch Nicht-Griechen an den Wettkämpfen teilnehmen. Berufsmäßige Trainer und Athleten lehnten die Römer, die in den gymnastischen Übungen der Griechen keinen Nutzen für sich selber sahen, ab. Sie bezeichneten deshalb diesen Sport auch als „griechischen Müßiggang" („Otium Graecum").

Zu späterer Zeit war man geneigt, die Olympischen Spiele in den Dienst römischer Politik zu stellen. Bei den 175. Olympischen Spielen im Jahre 80 v. Chr. findet nur der Stadionlauf der Knaben in Olympia statt. Die übrigen Teilnehmer werden zur Durchführung der Wettkämpfe nach Rom gebracht. Der römische Feldherr und Diktator Sulla (etwa 138 bis 78 v. Chr.) wollte gar die Spiele in Olympia ganz abschaffen und für immer nach Rom verlegen. Dies gelang zwar nicht, dafür kam es aber zu vielen Nachahmungsveranstaltungen in Rom.

Die Olympischen Spiele in Olympia verloren an Bedeutung, sie hatten fast nur noch lokalen Charakter. Die Römer selbst nahmen auch nicht an Wettkämpfen teil.

Nach dem Untergang der Römischen Reiches und dem Beginn der Römischen Kaiserzeit etwa in 27 v. Chr. nahm das Interesse der Römer an den Olympischen Spielen wieder zu. Römische Kaiser nutzten die Spiele, um ihre Macht zu festigen, reisten nach Olympia, nahmen selbst an Wettkämpfen teil (z. B. Tiberius, Nero), ließen neue Anlagen und auch ihre eigenen Bildnisstatuen errichten. Jedoch der klassische Geist Olympias war dies nicht.

Olympia war zu einem Rummelplatz sportlicher und zirzensischer Attraktionen geworden, auf dem vor allem Berufsathleten sich zur Schau stellten. Regelverletzungen und Bestechungen der Athleten und auch der Kampfrichter nahmen zu. Zuschauer kamen jetzt aus zahlreichen Ländern des Römischen Imperiums. Von den 265. bis 286. Olympischen Spielen existieren keine Siegeraufzeichnungen, so bleibt offen, ob überhaupt Wettkämpfe ausgetragen wurden.

Der Untergang
In 393 n. Chr. fanden die letzten Spiele der Antike statt: die 287. Der letzte namentlich genannte Sieger war ein gewisser Varazdates, armenischer Prinz persischer Herkunft!

Ein Jahr später hat der römische Kaiser Theodosius I. alle heidnischen Zeremonien verbieten lassen, darunter auch diese Spiele. Die griechischen Götterbilder wurden von den Sockeln gestürzt, die Tempel ausgeraubt, wertvolle Statuen eingeschmolzen. Doch der griechische olympische Geist loderte noch, so dass Theodosius II. im Jahre 427 n. Chr. die endgültige Zerstörung Olympias befahl.

Was dann noch übrig blieb, wurde etwa 100 Jahre danach Opfer gewaltiger Erdbeben und Überschwemmungen, die eine 5 bis 7 Meter hohe Erd- und Steinschicht über das olympische Gelände aufschütteten. Erst 1766 wurde diese Olympiastätte wieder entdeckt, bevor 1875 deutsche Ausgrabungen begannen.

2. Die Kult- und Kampfstätte Olympia

Die Kultstätte in Olympia entstand etwa in der Mitte des 11. Jahrhunderts v. Chr. Ihre endgültige Form als Kult- und Sportstätte erhielt sie im 4. Jahrhundert v. Chr. Etwa so könnte sie ausgesehen haben:

Kernbereich des Heiligtums: die *Altis*

Das war der Heilige Hain von Olympia, unter anderem mit folgenden Kultstätten:

- ❖ das „Pelopion", der Grabhügel Pelops
- ❖ der Brandopferaltar für Zeus
- ❖ eine Erdspalte am Fuße des Kronoshügels, wo sich ein Orakel befand, das ursprünglich einer weiblichen Gottheit gewidmet war und später von Zeus übernommen wurde
- ❖ Tempel und Altäre, die bedeutendsten: Zeustempel mit Zeusstatue sowie Heratempel
- ❖ die Echohalle, eine Säulenhalle für Gemälde und Weihgeschenke (in Form von *Statuen und Denkmäler).*

Die Altis wurde im 4. Jahrhundert mit einer Mauer mit wahrscheinlich fünf Toren eingefasst. Diesen umgrenzten Teil des Heiligtums nannte man Temenos.

Abb. 01: Restaurierte Ansicht der Altis, mit Kronoshügel (l.) und Zeustempel (r.)

Trainings- und Wettkampfstätten für Athleten
Außerhalb der Altis entstanden im Verlaufe der Zeit ...

❖ *das Stadion*

Im ursprünglichen Wortsinn bedeutet Stadion ein antikes Längenmaß. Ein Stadion entsprach 600 Fuß, je nach regionalem Fußmaß ungefähr zwischen 165 und 196 m. In Olympia betrug ein Stadion 192,28 m, in Athen dagegen 184,30 m. Die Bezeichnung des Längenmaßes wurde später auf die Wettkampfanlage übertragen. Das Stadion in Olympia befand sich östlich der Altis. Hier fanden die Wettläufe statt. Im 4. Jh. v. Chr. sah die olympische Stätte etwa so aus: Insgesamt war das Stadion 213 m lang. Die Laufbahn verlief geradeaus (192,28 m), sie war etwa 31 m breit und hatte Start- und Zielschwellen (Rillen). Auf einfachen Graswällen ringsherum fanden etwa 45.000 Menschen Platz, um die Wettkämpfe zu verfolgen.

Der Start lag östlich der Anlage, das Ziel war in Richtung Zeusaltar. Auf der in Zielrichtung linken Längsseite befand sich eine kleine Kampfrichter-Tribüne. Auf der gegenüberliegenden Seite hatte die oberste Priesterin des Heratempels ihren Sitz (Demeter-Altar).

Die Athleten erreichten die Wettkampfstätte von der Altis aus durch die Krypta: ein unterirdischer Gang, ca. 32 m lang, 3,70 m breit und 4,40 m hoch

Abb. 02: Das heutige Stadion in Olympia nach der Ausgrabung

- **der Hippodrom**
Die Rennbahn für Pferde- und Wagenrennen auf freiem Feld. Die Anlage wurde vom benachbarten Fluss Alpheios weggespült, ist nicht mehr erhalten, im Jahr 2008 aber durch geophysikalische Messungen wahrscheinlich lokalisiert worden. Folgende Ausmaße werden angenommen: Gesamtlänge der Strecke, die am Anfang und am Ende mit einer Säule gekennzeichnet war, betrug etwa 2 Stadien = rund 385 m. Für die Breite wurden ca. 320 m gemessen.

- **der Dromos**
die mit tiefem Sand bedeckte Rennbahn für die Laufwettbewerbe

- **die Palästra**
ursprünglich eine mit Sand bedeckte Fläche für die Ringkämpfer und auch Faustkämpfer.
Die Palästra wandelte sich architektonisch zu einer anspruchsvollen Anlage: ein großer, von Säulen umgebener Hof mit angrenzenden Aufenthalts- und Übungsräumen.

- **das Gymnasion**
der Trainingsplatz für die Athleten, seitlich von Säulenhallen begrenzt (Laufhalle, Westhalle, Südhalle)

Überreste: *Abb. 03: Palästra*   *Abb. 04: Gymnasion*

Verwaltungsgebäude und sonstige Einrichtungen
Außerhalb der Altis entstanden weiterhin …
- ❖ das Buleuterion, Rathaus, der Sitz des Olympischen Rates,
- ❖ das Leonidaion, ein Gästehaus für etwa 150 Personen,
- ❖ Schatzhäuser griechischer Stadtstaaten,
- ❖ das Prytaneion, Sitz der Regierung der Stadt Olympia und
- ❖ Badehaus und zu Zeiten der Römer mehrere Thermen.

3. Teilnehmer und Teilnahmebedingungen

Im olympischen Jahr zogen drei Herolde durchs Land, riefen auf den Marktplätzen der Städte das Volk zusammen, um den Zeitpunkt der Olympischen Spiele bekanntzugeben und für Olympia die zweimonatige Ekecheiria, die heilige Waffenruhe (siehe nochmals oben bei König Iphitos von Elis), zu verkünden. Zugleich sollen diese Boten auch die Bedingungen für die Teilnahme ausgerufen haben:
 „An den Spielen darf teilnehmen jeder Grieche, sofern er frei geboren, von keiner Bluttat befleckt und nicht beladen ist mit dem Fluch der Götter."

Es gab noch zwei weitere Zulassungsbedingungen:
* zehn Monate lange sportliche Vorbereitung im Heimatort;
* Teilnahme an einem intensiven Trainingslager in Elis ca. 30 Tage vor Beginn der Spiele. Erfahrene „Gymnasten" (Sportlehrer) bereiteten die Athleten durch hartes Training auf den Start vor. Sogar eine „Sportlerdiät" aus Gerstenbrot, Weizenbrei und getrockneten Früchten wurde gereicht.

Neben der Herkunft spielten auch die Kosten eine wesentliche Rolle. So war es sicherlich nur den Aristokraten und wohlhabenden Bürgern und deren Söhnen möglich, an den Spielen teilzunehmen. In früher Zeit kamen die Athleten vor allem aus den naheliegenden Stadtstaaten Elis, Sparta und Pisa. Später dann aus ganz Griechenland und auch aus den Kolonien.

Mit Beginn der Römerzeit in Griechenland (ab ca. 146 v. Chr.) waren auch Nicht-Griechen zugelassen. Die meisten Teilnehmer waren jetzt Berufsathleten.

Ab den 37. Olympischen Spielen (632 v. Chr.) gingen auch Knaben an den Start, also Jungen bis 18 Jahre. Vermutlich haben die Spartaner diese Wettkämpfe initiiert, zunächst den einfachen Stadionlauf und Ringen. Später dann kamen der Fünfkampf (nur einmal bei den 38. Spielen in 628 v. Chr.) und Boxen (ab 41. Spiele in 616 v. Chr.) sowie Pankration (ab 145. Spiele in 200 v. Chr.) hinzu.

Sklaven galten als unfrei und durften nicht starten.

Die **Teilnahme von Frauen** muss man differenziert betrachten. An den Olympischen Spielen war es verheirateten Frauen nicht erlaubt, weder als Starterin noch als Zuschauerin teilzunehmen. Die einzige Frau, die den Olympischen Spielen beiwohnen durfte, war die Priesterin der Demeter Chamyne, die einen Ehrenplatz hatte (siehe oben bei Stadion). Alle anderen Frauen drohten bei Missachtung des Verbotes die Todesstrafe. Von einem Felsen sollte die „Täterin" in das Meer gestürzt werden. Nach Pausanias (griechischer Schriftsteller, Geograf und Historiker, von etwa 115 bis etwa 180 n. Chr.) ist nur ein Fall des Missbrauchs bekannt geworden. Demnach soll sich bei den 98. Spielen in 388 v. Chr. eine gewisse Frau Kallipateira, Mutter eines Athleten, als Mann verkleidet haben, um den Wettkampf zu verfolgen. Als ihr Sohn siegte, stürmte sie vor Begeisterung zu ihm hin, dabei wurde ihre Verkleidung sichtbar, sie wurde als Frau erkannt. Die Hinrichtung blieb jedoch aus. In Anerkennung der heroischen Taten ihres Vaters Diagoras und ihrer Brüder, die allesamt Olympiasieger gewesen waren, sowie ihres Sohnes, der nunmehr auch als Olympiasieger geehrt wurde, begnadigte man die Frau und Mutter. Weibliche Olympiasieger soll es aber dennoch gegeben haben. Beim Pferdesport (Wagenrennen) wurden nämlich nicht die Wagenlenker geehrt, sondern die Wagenbesitzer. Und ein solcher war z. B. die Frau Kyniska aus Sparta.

Nach Berichten von Pausanias wurden in Olympia jedoch in jedem fünften Jahr zu Ehren der Göttin Hera gesonderte Wettkämpfe für unverheiratete Mädchen (die so genannten Heräen) veranstaltet. In drei Altersklassen gingen die Mädchen, die einen kurzen Chiton (eine Art Minikleid) trugen, bei Laufwettbewerben an den Start (verkürzte Stadionstrecke).

4. Ablauf und Zeremonien

Die Spiele der Antike, die in ihrem Kern ein religiöses Fest waren, begannen immer nach dem ersten Vollmond nach der Sommersonnenwende, also im Hochsommer (Mitte August bis Anfang September).

Im Laufe der Jahrhunderte wurden sie von einem über drei auf fünf Tage (seit der olympischen Reform von 476 v. Chr.) verlängert.

Zwei Tage vor Beginn der Spiele traten die Athleten und die Hellanodiken (Kampfrichter) ihren Marsch von Elis (Trainingslager) nach Olympia an (Strecke etwa 57 km). Unterwegs auf der so genannten „Heiligen Straße" hatten sich die Hellanodiken an der heiligen Quelle Piera feierlich zu reinigen und ein Opfer darzubringen. Übernachtet wurde in Letrinoi.

In Olympia waren inzwischen zahlreiche Besucher eingetroffen. Die Vorbereitungen auf die bevorstehende feierliche Prozession zur Eröffnung der Wettkämpfe waren voll im Gange. An ihr nahmen neben den Athleten folgende Personen teil:
- ❖ Trompeter und Herolde,
- ❖ Kampfrichter und Helfer (mit den Opfertieren),
- ❖ Priester,
- ❖ Behördenvertreter sowie
- ❖ Gesandtschaften der Stadtstaaten (mit Weihgeschenken aus Gold und Silber sowie Weihrauchfässern).

Dieser Festzug endete am großen Altar des Zeus. Opfertiere wurden geschlachtet. Gebete, Gesänge und Flötenspiel verliehen der Prozedur einen feierlichen Charakter.

Das Fünftägige Fest verlief etwa so:

Der erste Tag
Eröffnung mit einer großen feierlichen Prozession. Vor dem Zeusaltar legten Athleten und Kampfrichter den Eid über die Einhaltung des Reglements ab. Dieser Eid war nicht nur ein einfaches „Versprechen" (wie heute), sondern zugleich eine religiöse Prozedur mit einer speziellen Opferzeremonie (Eberopfer): Der Schwur wurde über dem Eber, von dem niemand essen durfte, abgelegt. Am Nachmittag dann: Auslosung der Wettkämpfer sowie Beginn der ersten Wettkämpfe.

Übrigens, ein nachgewiesener Verstoß führte zur Erhebung von Strafgeldern, die zur Finanzierung bronzener Zeusstatuen dienten, oder zum Ausschluss der Betreffenden.

Der zweite Tag
Es wurden Wagenrennen und Wettreiten durchgeführt. Außerdem stand der Fünfkampf, der Höhepunkt der Spiele, auf dem Programm.

Der dritte Tag
Im Mittelpunkt standen weitere Opferhandlungen am Grab des Pelops sowie am großen Aschealtar des Zeus. Der Opferung (von ca. 100 Stieren) ging eine prunkvolle Prozession der offiziellen Gesandtschaften der teilnehmenden Stadtstaaten Griechenlands voran. Danach wurden weitere Laufwettbewerbe ausgetragen.

Der vierte Tag
Die Sportler gingen in den Kampfsportarten und im Waffenlauf an den Start.

Der fünfte Tag
Die Olympischen Spiele fanden mit der feierlichen Siegerehrung und einer Prozession der Sieger zum Zeus-Tempel sowie mit Siegesfeiern ihren Abschluss.

5. Die Agone, sportlichen Wettkämpfe

Der Dromos, der Wettlauf
Ab 776 v. Chr. im Olympischen Programm und bis zu den 14. Olympischen Spielen die einzige Sportart: der Kurzstreckenlauf über die Länge eines Stadions, der Stadionlauf.

Die gerade Laufstrecke betrug ein Stadion, hier als Längenmaß von 192,28 m verstanden. Man lief immer von Osten nach Westen in Richtung Zeusaltar. Der Sieger durfte mit einer Fackel das Feuer auf dem Zeusaltar anzünden. So war er dem Gottvater besonders nahe.

Bei längeren Distanzen (ab 724 v. Chr.) liefen die Athleten um ein Wendemal (Säule). Denn Rundbahnen gab es nicht. Das Ziel befand sich unverändert in der Nähe des Zeusaltars.

Die Athleten gingen völlig nackt (wie auf alten Vasen zu sehen) an den Start, der von einer Ablaufvorrichtung (Schwellen mit Einkerbungen für die Füße) als Hochstart erfolgte. Fehlstarts sollen mit Stockschlägen bestraft worden sein. Durch lautes Schreien feuerten sich die Läufer, etwa 4 Athleten pro Lauf, selber an, vielleicht auch, um den Gegner einzuschüchtern. Bei einer hohen Teilnehmerzahl wurden entsprechend Vor- und Zwischenläufe vor dem Endlauf ausgetragen.

Die Laufdisziplinen:
- ab 776 v. Chr.: Stadionlauf
- ab 724 v. Chr.: Diaulos (Doppellauf, hin und zurück)
- ab 720 v. Chr.: Dolichos (Langstreckenlauf über 20 oder 24 Stadien)
- ab 520 v. Chr.: Hoplitodromos (Waffenlauf über zwei Stadien) Anfangs trugen die Teilnehmer beim Waffenlauf die komplette Ausrüstung (Speer, Beinschienen, Helm, Schild) später nur noch Helm und Schild.

Abb. 05: Antike Vase

Das Pentathlon, der Fünfkampf
Erstmals olympisch ab 708 v. Chr. bei den 18. Olympischen Spielen. Die Griechen liebten diesen Wettbewerb und verehrten die Athleten, die aufgrund ihres vielseitigen Trainings wohlgeformte Körper hatten. Auch der große Philosoph Aristoteles (384 – 322 v. Chr.) schwärmte von den Fünfkämpfern, sie sind
„... *die schönen Menschen Griechenlands* ...".

Die Reihenfolge des Fünfkampfes war wahrscheinlich so:
1. Diskos, der Diskuswurf
Der antike Diskuswurf unterschied sich von dem heutigen sehr. Ausgrabungsfunde deuten darauf hin, dass in frühester Zeit mit schweren eiförmigen Feldsteinen geworfen wurde. Ein solcher mit einer Größe von etwa 68x39x33 cm wurde in der Tiefe des Pelops-Grabes gefunden. Auch Homer berichtet von einem Diskus aus Stein. Später nutze man Disken aus Erz, deren Größe und Gewicht sich im Laufe der Zeit änderten.

Abb. 06: Diskobolos

Zur besseren Griffigkeit wurden sie mit Sand gerieben. Im Allgemeinen hatten die Disken einen Durchmesser von etwa 17 bis 30 cm, ein Gewicht von ca. 1,35 bis 4,75 kg sowie eine mittlere Stärke von etwa 1,4 cm. Der Wurfplatz, die Balbis, war leicht erhöht, nicht kreisförmig, sondern quadratisch, nach hinten offen, vorn aber durch eine Steinschwelle begrenzt. Wer dreimal übertrat musste ausscheiden. Dort, wo der Diskus beim ersten Wurf landete wurde ein Pflock eingeschlagen und nur dann verändert, wenn ein Athlet weiter warf. Daher sind die Weiten der Sieger im Allgemeinen nicht bekannt. Vermutlich lagen die Siegerweiten bei etwa 90 Fuß, also ca. 30 m.

Auf jeden Fall war der Diskuswurf nicht ungefährlich. Man berichtet davon, dass Hermes und Apollon beim Werfen unbeabsichtigt zwei Zuschauer tödlich trafen.

Die beiden Götter sollen ihre Schuld dadurch gesühnt haben, indem sie ihre Opfer Krokos und Hyakinthos als Blumen unsterblich gemacht haben. Auch Perseus (Sohn des Zeus) erschlug bei einem Kampfspiel seinen Großvater durch einen Wurf beim Diskus-Wettbewerb.

2. Der Sprung (Weitsprung)

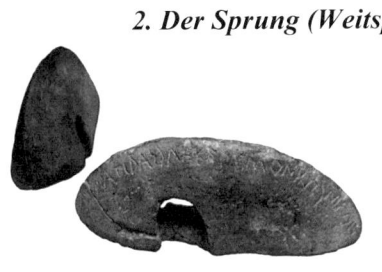

Abb. 07: Sprunggewichte

Abb. 08: Sprung mit Flötenspieler

Man sprang in eine so genannte Skamma hinein, ein etwa 50 Fuß langer Bereich in der Erde, die aufgelockert wurde. Der Absprung erfolgte aus dem Stand von einer Art Schwelle (Bater) aus. Dabei benutzten die Athleten Sprunggewichte, die Halteren, die aus Stein, Blei oder Eisen bestanden und etwa 2 bis 4,5 kg wogen. Die Gewichte wurden beim Absprung nach vorne geschwungen, den Körper dabei mitreißend, um dadurch mehr Weite zu erreichen. Kurz vor der Landung wurde nach hinten geschwungen, um die Standsicherheit zu erhöhen. Die Weite wurde mit Strichen markiert und immer nur verändert, wenn ein Athlet weiter sprang. Verlässliche Weitenangaben sind so gut wie nicht bekannt. Über den spartanischen Athleten Chionis wird jedoch berichtet, dass er 664 v. Chr. 52 Fuß weit gesprungen sei, umgerechnet 16,66 m. Aufgrund weiterer ähnlicher Angaben, geht man davon aus, dass die Sportler fünfmal einen Sprung ausführten. Die Summe der 5 Weiten könnte dann zu den über 16 Metern passen. Dieser Fünffach-Weitsprungwettbewerb wurde von Musik (Flötenspiel oder Schalmei) begleitet, vermutlich, um den Sprungrhythmus zu unterstützen.

3. Akontion, der Speerwurf

Der Speer bestand aus Holz (Fichte, Esche oder Holunder), war mit einer Metallspitze versehen und relativ kurz, kaum höher als die Körpergröße. Der antike Speerwurf ist dadurch gekennzeichnet, dass der Speer mit Hilfe einer Lederschnur, die um den Schaft gewunden war, geworfen wurde. Diese enthielt eine Schlaufe für den Zeige- und Mittelfinger. Beim Werfen des Speers wickelte sich die Schnur ab und verlieh dem Speer einen Drall. Die Länge jedes Wurfs wurde auch hier nicht gemessen, sondern nur am Aufschlagpunkt des ersten Wurfs markiert.

Abb. 09: Werfer mit Schlaufe

Die Werfer versuchten dann, diese Weite zu übertreffen. In diesem Falle wurde eine neue Markierung gesetzt. Der Wurf erfolgte wie beim Diskuswerfen von der erhöhten Balbis aus. Auch den Zielwurf soll es gegeben haben, doch sehr wahrscheinlich nur im Training und nicht im Wettkampf.

4. Der Stadionlauf

Auf der Rennbahn (ebenfalls Dromos genannt) war in der Regel die einfache Distanz eines Stadions (also 192 m) zu bewältigen. Ansonsten wie oben beschrieben.

5. Pale, der Ringkampf

Das Ringen wurde als letzte Disziplin des Fünfkampfes durchgeführt. Mann gegen Mann.

Mehr dazu weiter unten.

Wie der Fünfkampfsieger im Pentathlon festgestellt wurde, ist nicht eindeutig zu klären. Vermutlich wurde er im Ausscheidungsverfahren nach dem Prinzip des dreifachen relativen Sieges ermittelt. Hatte ein Athlet die ersten drei Disziplinen gewonnen, so war er bereits Olympiasieger und damit der Wettbewerb beendet. Gab es auch nach dem vierten Kampf (Laufen) keinen Dreifachsieger, so musste dann das Ringen Mann gegen Mann entscheiden. Allerdings war das Teilnahmefeld schon reduziert, denn nach diesem Prinzip war es folgerichtig, dass jene Athleten, die in drei Disziplinen unterlegen waren, ausscheiden.

Einzeldisziplinen:
Die Pale, der Ringkampf
Das Ringen war auch als Einzeldisziplin sehr beliebt und wurde ebenfalls 708 v. Chr. eingeführt. Der Kampf erforderte von den Athleten sehr viel Kraft und Ausdauer sowie Gewandtheit und Klugheit. Es war vor allem ein Standkampf mit dem Ziel, den Gegner dreimal zu Boden zu werfen.

Die Athleten rieben ihren Körper zum Schutze der Haut mit einem Gemisch aus Öl und feinem Sand ein, was natürlich ein Zupacken erschwerte. Gewichtsklassen gab es nicht. Die Gegner wurden per Los zusammengestellt, das führte oft zu ungleichen Kämpfen. Es war auf jeden Fall eine harte Auseinandersetzung. Erlaubte Griffe und Aktivitäten waren:

- ❖ das feste Umfassen des Leibes mit beiden Armen
- ❖ das Ergreifen/Emporziehen eines oder beider Schenkel
- ❖ das Beinstellen
- ❖ das Wegschlagen der Beine
- ❖ das Umschlingen/Drosseln des Halses mit den Armen.

Abb. 10: Die Pale

Nicht erlaubt waren dagegen Schlagen, Beißen oder Brechen der Finger, was es aber auch gegeben haben soll.

Dennoch, Ringen gehörte zu den beliebtesten Sportarten der Antike, dies fand auch in der Gründung von Ringerschulen ihren Niederschlag.

Der wohl berühmteste Ringer der Antike war Milon von Kroton, ein Schüler des großen Mathematikers Pythagoras. Milon, der selbst auch ein Gelehrter war (Philosoph und Physiker), wurde in der Zeit von 540 – 516 v. Chr. sechsmal Olympiasieger.

Der Faustkampf

Erstmals im Jahre 688 v. Chr. bei den 23. Olympischen Spielen ausgetragen.

Neben Pausanis haben auch Platon (428/427 bis 348/347 v. Chr.) und Philostratos (165/170 bis 244/249 n. Chr.) ausführlich über das Boxen berichtet. So auch über die Lederriemen, etwa 10 Fuß lang, die sich die Kämpfer netzartig um Hände und Unterarme banden. Daumen und Finger blieben frei und konnten zur Faust geballt werden. Diese Bandagierung geschah einerseits zum Schutz der Hände, andererseits zur Verstärkung der Schlagwirkung.

In späterer Zeit, besonders während des Berufsathletentums, wurden harte Einlagen, wie z. B. Schlagriemen, in die Bandage eingebunden, um noch mehr Wirkung zu erzielen. Zielpunkte waren empfindliche Körperteil, wie Zähne, Ohren und Nase. Man konnte auch hochspringen und von oben zuschlagen.

Eine harte Angelegenheit.

Abb. 11: Kämpfer mit Bandagen

Die Einteilung in Gewichtsklassen war nicht bekannt. Die Paarungen wurden per Los ermittelt. Vielfach kam es zu schweren Verletzungen bis zu Unerkenntlichkeit und zu Verstümmelungen. Eindeutige Regeln gab es nicht, auch kein Zeitlimit, keine Pausen. Erst wenn der Gegner aufgab oder geschlagen am Boden lag, war der Kampf beendet. Ein Faustkampf dauerte oft mehrere Stunden. Ging der Kampf tödlich aus, was vorkam, wurde der tötende Kämpfer bestraft.

Wegen seiner Gefährlichkeit und der Spannung war der Faustkampf in der griechischen Antike besonders hoch angesehen. Die meisten Athleten bereiteten sich langfristig auf den Wettkampf vor und nutzten dazu schon eine Art Boxbirne sowie Sandsäcke. Geboxt wurde in der Sandbahn des Stadions.

Der berühmteste Faustkämpfer der Antike war Theagenes von Thasos (480 v. Chr.) mit über 1000 Preisen.

Das Pankration, der Allkampf

Das Pankration ist eine Kombination aus Ringen und Faustkampf. Diese schwerste und härteste Disziplin wurde 648 v. Chr. bei den 33. Olympischen Spielen eingeführt. Gekämpft wurde mit bloßen Händen, d. h. ohne Bandagen. Die Kämpfe trug man auf lockerem Sand aus. Drei Möglichkeiten gab es, um den Sieger zu ermitteln: K.O., Aufgabe oder der Tod des Gegners.

Außer Beißen und das Eindrücken der Augen war so ziemlich alles erlaubt: Schläge und Tritte, Knie- und Ellenbogenstöße, Würfe, Hebel und Würgegriffe sowohl im Stand als auch im Bodenkampf. Eine brutale Sache. Das Ziel bestand darin, den Gegner kampfunfähig zu machen, egal wie. Viele Pankratiasten, so nannte man die Kämpfer, fanden den Tod oder verließen als Krüppel die Wettkampfstätte. Kampfrichter, die Hellanodiken, überwachten den Kampf und bestimmten den Sieger. Einer der erfolgreichsten Kämpfer war Theogenes aus Thassos (Inselstaat im Nordosten Griechenlands), der in seiner Karriere (ca. 480 – 460 v. Chr.) etwa 1200 bis 1400 Siege bei Olympia und anderen Spielen errungen haben soll (einschließlich Boxen).

Ein gewisser Dioxippos, Begleiter Alexander des Großen bei den griechischen Schlachten, wurde 336 v. Chr. so gar kampflos Olympiasieger, da seine Gegner wegen seiner Überlegenheit nicht antraten. Feigheit dagegen wurde bestraft und lächerlich gemacht.

Höchste Ehrung erfuhren jene Athleten, die an einem Tag das Doppel gewannen: den Ringkampf und das Pankration. Ein solcher Kämpfer erhielt dann den Ehrennamen „Nachfolger des Herakles". Weil, so sagte man, er das gleiche erreicht hatte wie Herakles mit der Begründung der Spiele. Der erste Doppelsieger war Kapros aus Elis bei den 142. Olympischen Spielen 212 v. Chr.

Aufgrund der großen Anziehungskraft dieses Wettkampfes nahmen auch berühmte Griechen daran teil. So zum Beispiel der Makedonier-König Philipp II., der Vater Alexander des Großen. Das Pankration war also überall und bei allen Griechen sehr beliebt. Philostratos soll den Allkampf *„das Schönste von ganz Olympia"* genannt haben.

Abb. 12:
Pankratiasten

Pferderennen: Wagenrennen und Wettreiten
Schon der große Dichter der Antike Homer (2. Hälfte des 8. Jh. v. Chr.) berichtete in seiner erzählenden Dichtung „Ilias" (umfasst etwa 24 Bücher bzw. Gesänge) von Wagenrennen mit Pferden.

Wagenrennen wurde in das Programm der 25. Olympischen Spiele von 680 v. Chr. aufgenommen und erfreute sich großer Beliebtheit bei den Griechen. Dieser Wettkampf fand im Hippodrom (siehe auch oben) statt und wurde als Wagenrennen mit Viergespann ausgetragen. Vier edle Pferde zogen einen zweirädrigen Streitwagen aus Holz mit einer kleinen Brüstung umgeben und natürlich ungefedert. Die Wagenlenker, gekleidet mit einem langen Chiton, trieben stehend die Pferde an und nutzen dazu auch Peitsche und Nagelstock. Nur reiche Leute konnten sich Viergespanne leisten und ihre Wagen zu den Spielen schicken. Sie selber gingen nicht an den Start, erhielten aber im Falle des Gewinns die Ehrung als Olympiasieger. Der Wagenlenker bekam nur eine Stirnbinde aus Schafwolle.

Die Rennbahn im Hippodrom war etwa 385 m lang, also 2 Stadien. Eine Wendesäule (die östliche) musste umfahren werden und zurück ging es im vollen Galopp, um dann die Zielsäule zu umkreisen. Eine solche Runde betrug demnach rund 770 m. Bei den Wettkämpfen wurden bis zu 12 Runden absolviert, also etwa 9.310 m zurückgelegt. Manchmal wurden über hundert Wagen gemeldet, so dass Ausscheidungsrennen, Zwischenläufe und Endlauf notwendig waren.

Da es um großen Ruhm und Ehre ging, verliefen die Rennen entsprechend hart und auch gefährlich. Vor allem das Umfahren der östlichen Wendesäule erwies sich als eine besondere Herausforderung und Gefahr. Angetrieben von den Wagenlenkern und Tausenden Zuschauern, die diesen Nervenkitzel liebten, stießen nicht selten Pferde und Streitwagen beim Herumfahren um die Säule zusammen. Verletzungen von Mensch und Tier sowie enorme Sachschäden an den Wagen waren die Folge.

Pindaros, griechischer Dichter (von etwa 520 v. Chr. – 445 v. Chr.), berichtete einst von einem Wagenlenker Arkesilaos, der als einziger von 40 Startern bei einem Wagenrennen das Ziel erreichte.

Als Ursache für diese und ähnliche Ereignisse führten die Wagenlenker vor allem an, dass in der östlichen Wendesäule ein Dämon wohne, ein Pferdeschreck, der so genannte „Taraxippos". Um diesen zu besänftigen legten späterhin die Athleten Opfergaben dort nieder und beteten für ein unfallfreies Rennen.

Abb. 13: Wagenrennen im Viergespann

Neben diesem außerordentlich attraktiven Wettbewerb gab es noch diese Wagenrennen:

- ❖ Wagenrennen mit Zweigespanne.
  Erstmals bei den 93. Olympischen Spielen 408 v. Chr.

- ❖ Wagenrennen mit Maultieren (Zweigespann).
  Von 500 – 444 v. Chr.; danach wieder eingestellt, weil angeblich ein Fluch über der Maultierzucht in Elis lag.

- ❖ Wagenrennen mit Fohlen (Vier-, Zwei- und Dreigespann).
  Zum ersten Mal bei den 99. Olympischen Spielen 384 v. Chr.. Aufgrund der Schwere dieser Rennen waren vermutlich nicht die ganz jungen Pferde, sondern die Zweijährigen in den Kampf geführt worden. Zunächst wurde nur im Viergespann gefahren, später auch im Zwei- bzw. Dreigespann.

Wettreiten, das Galopprennen
Eingeführt bei den 33. Olympischen Spielen 648 v. Chr.; erweitert durch das Hengstfohlen-Reiten rund 400 Jahre später (131. Spiele in 256 v. Chr.). Auch bei diesen Rennen wurde der Pferdebesitzer oder Rennstallbesitzer olympisch besonders geehrt. Man wollte damit vor allem die Leistungen der Züchter würdigen.

Außerdem gab es noch den *Stutenlauf:*
Erstmals bei den 71. Olympischen Spielen 496 v. Chr.; auch nur kurzzeitig im Programm. Mitte der letzten Runde musste der Reiter von der Stute (Kalpe) herunterspringen und mit dem Tier am Zügel ins Ziel laufen.

Besonders kurioses waren die olympischen Auftritte des römischen Kaisers Nero (von 54 bis 68 n. Chr. Kaiser des Römischen Reiches). Als Herrscher dieses Weltreiches, zu dem auch das kleine Griechenland zählte, verlegte er einfach die 211. Olympischen Spiele um 2 Jahre, von 65 n. Chr. auf 67 n. Chr. Denn nur zu diesem Zeitpunkt konnte er persönlich teilnehmen. So trat Nero dann mit einem Zehngespann an, das er bei rasendem Tempo allerdings kaum beherrschte (er wurde aus dem Wagen geschleudert).

Die anderen Gespanne hielten sich diszipliniert zurück, keiner wollte vor dem Kaiser ins Ziel kommen. So geschah es dann, dass Nero als Olympiasieger geehrt wurde. Seine Macht und Selbstherrlichkeit demonstrierte er auch mit einer von ihm willkürlich vorgenommenen Programmerweiterung durch musische Wettkämpfe. Natürlich ging er auch hier an den Start, als Sänger und Dichter. Und selbstverständlich errang er auch in dieser Disziplin den Sieg. Erst Jahre später erklärten die Hellanodiken die 211. Olympischen Spiele zur Anolympiade, d.h. für ungültig.

Abb. 14: Kaiser Nero

6. Über das Siegen und Verlieren

Dem agonalen (sportlichen) Geist der Griechen entsprechend, ging es immer darum, der Erste und Beste zu sein. Daher wurde bei den olympischen Wettkämpfen nur der Sieger, der Olympionike, ermittelt. Dieser wurde gefeiert, als Held verehrt und mit Ehrenämtern überhäuft.

Unmittelbar nach dem Wettkampf erhielt der Sieger einen Palmenzweig und ein weißes Stirnband. Die offizielle und feierliche Siegerehrung fand am fünften Tag der Olympischen Spiele im Tempel des Zeus statt. Die Sieger wurden mit einem Kranz geehrt, bestehend aus einem Zweig des wilden Ölbaumes. Pindaros besingt diesen „… grauschimmernden Schmuck der Olive … als schönstes Wahrzeichen der olympischen Kämpfe".

Abb. 15: Feierliche Siegerehrung

Eine große Ehrung erfuhr der Sieger des Stadionlaufs. Nach ihm wurde die nachfolgende Olympiade, also der 4-Jahresabschnitt, benannt.

Athleten, die im Ringen und im Pankration siegten, nannte man „Hervorragende Sieger", die Paradoxonikes. Dreifache Sieger in Laufwettbewerben (Stadionlauf, Doppellauf, Waffenlauf) nannte man Triastes. Die Olympioniken durften zudem ihr Standbild im Heiligen Hain Olympias aufstellen.

Der Siegerehrung folgte die Darbringung von Dankopfern an den Altären im Heiligen Hain. Anschließend wurde im Prytaneion und im Freien gefeiert mit Musik, Gesang, Reden und deftigem Essen.

In der Heimatstadt des Siegers wurden Ehrung und Lobpreisung fortgesetzt. Diese kamen etwa der Würdigung glorreicher Feldherren oder Könige gleich, die von der siegreichen Schlacht heimkehrten. Die ganze Bevölkerung feierte den großen Sohn ihrer Stadt. Der Kult ging örtlich gar so weit, dass man für den Triumphzug die Stadtmauer stellenweise mit dem Hinweis einriss, man brauche bei solchen Helden keine Mauer mehr. Auf dem Marktplatz legte der Olympionike seinen Siegeskranz auf den Altar des städtischen Schutzgottes ab. Es folgten Festessen und Festprogramm mit Reden, Siegesversen, Siegeshymnen usw. Die Olympioniken erhielten zudem von ihrer Stadt viele Vergünstigungen, z.B. kostenlose Verpflegung im Rathaus, Steuerbefreiung, Ehrenplatz im Theater, Ehrengeschenke und auch Geldgeschenke.

Und die Platzierten?
Bei den olympischen Wettkämpfen wurden keine Weiten gemessen und keine Zeiten gestoppt. Es interessierte nur, wer den Kampf gewonnen hat, in den Vorkämpfen wie im Finale.

Der Zweite und die anderen Kämpfer galten als Verlierer. Ihnen schenkte man keine Aufmerksamkeit. Oftmals wurden sie verspottet oder beschimpft.

Nur dabei zu sein, darum ging es in der Antike nicht.

7. Über die Olympia-Zuschauer

Zu den Olympischen Spielen waren alle Besucher willkommen, die griechisch sprachen und sich der griechischen Religion und Kultur verpflichtet fühlten. Zunächst waren es vor allem die Einwohner der Stadtstaaten Elis und Pisa, die die Wettkämpfe verfolgten.

Mit Zunahme der nationalen Bedeutung der Spiele reisten Menschen aus ganz Griechenland an. Obwohl der Eintritt kostenlos war, konnten sich nur vermögende Bürger den Besuch Olympias leisten. Die lange Anreise, Unterkunft und Verpflegung verursachten Kosten, die nicht alle Griechen aufbringen konnten. Dennoch waren in der Blütezeit der Olympischen Spiele etwa 40.000 bis 45.000 Zuschauer zugegen. Darunter viele Prominente: Staatsmänner, Heerführer, Philosophen, Dichter, bildende Künstler usw.

Am Rande der Wettkämpfe traf man sich, tauschte Ansichten, Meinungen und Informationen aus, man handelte oder schloss neue Verträge, sprach über Kunst, Literatur, Philosophie und Erziehung oder Architektur usw. Auch suchte man junge Männer für heiratsfähige Töchter.

So wurde Olympia der Ort, an dem sich Griechen des Mutterlandes sowie der Kolonien von Spanien bis zum Schwarzen Meer versammelten, die wohlhabenden Bürger und die bedeutenden Männer des öffentlichen Lebens, der Kultur und der Wissenschaft.

Allerdings, Nicht-Griechen, die sogenannten „Barbaren", waren vom Besuch der Spiele ausgeschlossen. Die Olympischen Spiele der Antike waren ein rein nationales Fest. Und zudem auch ein sehr anstrengendes.

Die Zuschauer hatten einige Härten auszuhalten, die vor allem in Folgendem bestanden: Es herrschte Hochsommer, sehr heiß und sehr trocken. Für die Tausenden Zuschauer war wenig Platz in dem kleinen Tal. Es gab keine Bäder oder sanitäre Einrichtungen und keine ausreichende Wasserversorgung.

Viele Leute schlugen in der prallen Sonne ihre Zelte auf. Im Stadion durfte keine Kopfbedeckung getragen werden. Folge dieser Zustände: Menschen starben an Hitze und Durst! So z.B. auch der Philosoph Thales von Milet bei den 58. Olympischen Spielen.

Auf dem Gelände ein großes Gedränge und Geschiebe. Straßenhändler boten Statuen und Andenken an, Jongleure, Zauberer und Wahrsager führten ihre Künste vor. Dichter lasen aus ihren Werken, Philosophen diskutierten lautstark und wetteiferten um die besten Redekünste.

Und vor allem: den Menschen machte ein ungeheurer Gestank durch Kot und Urin, aber auch durch die Opferung der vielen Tiere auf den Altären zu schaffen. Denn dieses Fleisch durfte nicht gegessen werden, es faulte in der brütenden Sonne vor sich hin.

Also eine Mischung aus Fäkalien, verbranntem oder faulendem Tierfleisch, menschlichen Ausdünstungen, Todesschreien der Tiere, monotoner Musik und endloser Rhetorik.

Es war damals halt nicht leicht, bei Olympia dabei zu sein!

II. Die Olympischen Spiele der Neuzeit

Baron Pierre de Coubertin (1863 – 1937) gilt als der Begründer der Olympischen Spiele der Neuzeit. Doch schon vor ihm gab es Ideen und auch Versuche, die Spiele wiederzubeleben.

1. Erste Ideen / Versuche zur Wiederbelebung der Olympien

„Olimpick Games upon Cotswold-Hills "
Bereits im Jahr 1612 organisierte der englische Rechtsanwalt und Notar **Robert Dover** in Gloucestershire (Südwesten Englands) die „Olimpick Games upon Cotswold-Hills". Es war vor allem ein jährlich (mit Unterbrechungen) zu Pfingsten durchgeführtes Kirchenfest mit Volkssportcharakter.

Robert Dover wollte mit dieser festlichen Veranstaltung des ganzen Volkes eine Wertvorstellung der Antike vermitteln. Bei diesen englischen olympischen Spielen, die bis etwa Mitte des 19. Jahrhundert andauerten, ging es um solche Disziplinen wie zum Beispiel …

- ❖ Hasenjagd
- ❖ Froschhüpfen
- ❖ Hammerwerfen
- ❖ Ringen
- ❖ Auf-Händen-Laufen
- ❖ Baumstammwerfen
- ❖ Stockfechten
- ❖ Tanzen
- ❖ Schachspiele
- ❖ Fußball

Abb. 16: Auf dem Pferd: Robert Dover

Große „Geister" begeistern sich für die Idee der Spiele

Zwischen 1762 und 1793 beschäftigten sich auch große Humanisten und Pädagogen mit der Idee der Olympischen Spiele und der Gymnastik der Griechen.

Zum Beispiel:

Jean-Jacques Rousseau (1712-1778), hob in seinem berühmten Erziehungsroman „Emile" (1762) die Olympischen Spiele im Zusammenhang mit der Notwendigkeit der Pflege der Leibesübungen hervor.

Johann Gottfried Herder (1744-1803), machte in seinem Werk „Ideen zur Philosophie der Geschichte der Menschheit" (1784/91) auf die erzieherische Bedeutung der Olympischen Spiele aufmerksam.

Johann Christoph Friedrich GutsMuths (1759-1939), der bei seiner Erziehungsarbeit Übungen aus der griechischen Gymnastik mit volkstümlichen Übungen verband, rief in seinem bedeutenden Buch „Gymnastik für die Jugend" (1793) dazu auf, die Vorschläge zur Bewegung, wie sie bereits in der antiken Körperkultur zu finden waren, nicht länger zu ignorieren.

Die Drehberg-Festspiele

Von 1776 bis 1799 veranstaltete **Leopold Friedrich Franz von Anhalt-Dessau** *(1740-1817)* in seinem Kleinstaat die so genannten Drehberg-Festspiele. Wettläufe standen im Mittelpunkt. Diese waren Ausdruck jugendlicher Körpererziehung und dienten zugleich der Erbauung des Volkes. Das Bemühen der Läufer bestand darin, den Körper durch einen gezielten Muskelaufbau und durch verschiedene eingeübte Bewegungsabläufe zum schnellstmöglichen Fortkommen zu bringen: kurzum, es ging um Sieg und Ehre.

Die Pädagogen sprachen schon von den neuen „olympischen Spielen". Der Fürst hatte sich von Robert Dovers „Olimpick Games" im England inspirieren lassen und auch von antiken Texten. Vor allem aber war er beeinflusst von Rousseaus Vorstellung der glücklichen Selbsterfahrung des Volkes im Fest.

Olympiades de la République

Von 1796 bis 1798 fanden im revolutionären **Frankreich** jährlich die Olympiades de la République statt.

Ein nationales Sportfest mit Wettrennen sowie historisch-griechischen Wettkämpfen auf dem Programm.
Von Bedeutung war auch die Einführung des metrischen Systems im Sport.

Abb. 21: Revolutionäres Motto: Freiheit, Gleichheit, Brüderlichkeit

Wenlock Olympian Games
In 1850 richtete der Arzt ***Dr. William Penny Brookes*** in seinem Heimatort Much Wenlock (Kleinstadt in der Grafschaft Shropshire, Westengland) Wettkämpfe aus.

Es war ein Mix aus
- athletischen Disziplinen der Antike,
- Sportspielen (Fußball, Kricket) sowie
- volkstümlichen Spaßwettbewerben wie Laufen auf einem Bein, Laufen mit geschlossenen Augen, Schweinejagd, Wheelbarrow race („Schubkarrenrennen") oder auch ein Altweiber-Rennen um ein Pfund Tee.

Hieraus entwickelten sich die Wenlock Olympian Games, die nationalen Charakter hatten. Organisiert wurden diese Spiele ab 1860 von der Wenlock Olympian Society. Fünf Jahre später gründete Brookes dann in Liverpool die National Olympian Association. In 1866 war London der Austragungsort nationaler olympischer Spiele. Mister Brookes dachte auch an eine Austragung internationaler Wettkämpfe in Athen. Bei einem Treffen mit Coubertin in 1890 macht er diesen mit seinen Plänen vertraut.

Heute werden die Wenlock Olympischen Spiele immer noch in Much Wenlock, jährlich im Juli, veranstaltet, als ein bleibendes Vermächtnis des William Penny Brookes.

Die „Zappian Games" („Olympia-Spiele") in Griechenland
Durch die gesellschaftlichen Veränderungen, herbeigeführt durch die Griechische Revolution (1821) und die Gründung des selbständigen Staates Griechenland (1830) regte sich auch dort der olympische Gedanke wieder.

Der Poet *Alexandros Soutsos* (1803-1863)

veröffentlichte 1833 in der Zeitung „Helios" sein Gedicht „Dialog der Toten", in dem er die Notwendigkeit der Wiederbelebung der Olympischen Spiele der Antike unterstrich.

Im Januar 1835 erhielt König Otto I. von seinem damaligen Innenminister Ioannis Kolettis (1773 – 1847) einen entsprechenden Vorschlag. Finanzielle Schwierigkeiten ließen jedoch eine Umsetzung dieser Idee noch nicht zu.

Erst der reiche Unternehmer (Landwirtschaft, Dampfschifffahrt), *Evangelos Zappas* (1800 -1860), der auch von Soutsos inspiriert worden war, schuf dafür die entsprechenden Voraussetzungen.

Zappas bot 1856 seinem König Otto I. an, die Spiele wiederzubeleben und zu finanzieren. Nicht alle aus der Regierung waren von dieser Idee begeistert. Der Außenminister zum Beispiel meinte, dass der Zeitgeist mehr von einer wirtschaftlichen und weniger von einer sportlichen Auseinandersetzung geprägt sei. Man müsse sich daher auf Landwirtschaft und Industrie konzentrieren und weniger auf Gymnastik.

Die Regierung schlug als Kompromiss vor, die Spiele als eine Kombination von landwirtschaftlicher/industrieller Ausstellung und sportlichen Wettkämpfen zu organisieren.

Evangelos Zappas war schließlich damit einverstanden. Otto I. erließ 1858 die entsprechende Königliche Verordnung „über die Einrichtung der Olympien", so die Bezeichnung für dieses Fest, die dem neuen Staat Identität und Zusammengehörigkeitsgefühl geben sollte, wie „in alten Zeiten".

Am 15. 11.1859 wurden dann die 1. Olympien im Zentrum von Athen auf dem heutigen Platz des Nationalen Widerstandes durchgeführt. Es nahmen ausschließlich Griechen an der Veranstaltung teil, die insgesamt nicht sehr erfolgreich verlief. Der Platz war wenig geeignet, Zuschauer konnten nicht viel sehen. Kuriositäten belebten die Spiele: ein Bettler gab sich als Blinder aus und nahm ebenfalls teil; ein Polizist verließ einfach seinen Posten und ging an den Start.

Die folgenden Olympien fanden ebenfalls in Athen 1870, 1875 und 1889 statt, erfolgreich und bei besserer Organisation. Für diesen Zweck ließ die griechische Regierung das alte Panathinaikon-Stadion ausgegraben (von deutschen Archäologen) und provisorisch wieder herrichten. Auch diese Spiele waren nur für griechische Sportler gedacht. Die Teilnahme war mit ca. 20 bis 31 Sportlern nicht sehr hoch. Etwa 9 bis 12 Disziplinen (z.B. Wettlauf, Diskuswerfen, Ringen) wurden ausgetragen.

Zeitweise besuchten 30.000 Menschen diese Veranstaltungen. Bei allen Mängeln, die es gab: es war gelungen, die Wiederbelebung der olympischen Idee in den Vordergrund zu rücken. Leider standen finanzielle Probleme der Durchführung der 5. Olympien im Wege.

Abb. 25:
Panathinaikon-Stadion

2. Die Begründung des modernen Olympismus durch Pierre de Coubertin

Baron *Pierre de Coubertin*, der eine politische, historische, soziologische und pädagogische Ausbildung genoss und selbst begeisterter Sportler war (Reiten, Fechten, Boxen, Rudern, Tennis), setzte sich als „freier Geist" schon in jungen Jahren für notwendige Erziehungsreformen in Frankreich ein. Mit der körperlichen Verfassung der französischen Jugend stand es nämlich nicht zum Besten.

Anregungen erhielt er auf seinen Bildungsreisen nach England und Nordamerika.

Besonders beeindruckt zeigte er sich von der Schulsportpraxis an der Public School in der mittelenglischen Stadt Rugby, an der der Headmaster Thomas Arnold von 1828 bis 1842 grundlegende sportpädagogische Reformen durchführte, indem er den Sport zum festen Bestandteil der Erziehung der jungen Engländer gemacht hatte. Diesen hohen Wert der Körperkultur für die Erziehung erkennend, wollte Coubertin den französischen Schulsport nach englischem Beispiel reformieren.

Zunächst kümmerte er sich um den Aufbau von Schülersportvereinen. Später gründete Coubertin die Nationale Schulsportföderation (USFSA), deren Generalsekretär er war.

Sein Anliegen bei der Erneuerung der französischen Jugend bestand vor allem darin, die geistige Überlastung der Schüler zu reduzieren zugunsten einer vielseitigen körperlichen Betätigung. Selbstverantwortung durch die Ausübung von Sport sollte helfen, die Schüler zu demokratisch gesinnten Bürgern zu formen. So weit der Anspruch des Patrioten und Pädagogen Coubertin.

Der vielseitig gebildete Coubertin nahm aber auch die anderen markanten Zeichen seiner Zeit bewusst wahr: Industrialisierung und Erfindungen beginnen das wirtschaftliche Leben zu prägen, Aufbau von Bahn- und Schifffahrtslinien, internationaler Handelsaustausch und Reiseverkehr.

Und auch diese Seiten der damaligen Zeit führten bei Coubertin zum Nachdenken: Erstarkung des Nationalismus in Europa, Aufrüstung in vielen europäischen Ländern und damit Erhöhung der Kriegsgefahr, Großmachtstreben und Kolonialismus, Zunahme sozialer Spannungen, die zu Gegenbewegungen führten (Arbeiterbewegung, Frauenbewegung, Friedensbewegung).

Schließlich wurde Coubertin stark beeinflusst von:
- dem beginnenden Siegeszug des englischen Sports rund um die Welt,
- der allgemeinen Begeisterung jener Zeit für das griechische Erbe,
- den Ausgrabungen im antiken Olympia (besonders der deutschen Archäologen von 1875-81),
- den „olympischen" Sportfesten in einigen Ländern, vor allem von den Much Wenlock Olympian Games.

Vor diesem Hintergrund reifte sicherlich der Gedanke, dass der Sport einen wichtigen Beitrag leisten kann
- zur Erneuerung der französischen Jugend sowie
- zur Völkerverständigung und zum Frieden.

Der Sport als Mittel zum Zweck!

Die Anknüpfung an das klassische Erziehungsideal der alten Griechen in Verbindung mit Olympia schien Coubertin besonders geeignet zu sein, seine Vision umzusetzen. Er wollte aber kein bloßes Abbild von Olympia, sondern **Olympisches moderner Prägung**:

- ❖ internationalistisch und
- ❖ demokratisch.

So entwickelte Coubertin die Idee von einem regelmäßigen sportlichen Welttreffen der „Jugend der Welt", das in den Dienst der Völker und des Friedens gestellt werden sollte. Ihm ging es von Anbeginn nicht nur um den sportlichen Leistungsvergleich, sondern auch um die Begegnung und das gegenseitige Kennenlernen der Kulturen. So sagte Coubertin:

„Von den Völkern zu verlangen sich gegenseitig zu lieben ist eine Art Kinderei, sie aufzufordern sich zu achten ist keine Utopie aber um sich zu achten muss man sich zunächst kennen lernen."

(Coubertin wird hier und im Folgenden zitiert nach:
COUBERTIN, P. de: Der Olympische Gedanke. Reden und Aufsätze. Hrsg. vom Carl Diem-Institut. Schorndorf 1967).

Erstmals trat er im November 1892 mit seinen Vorstellungen an die Öffentlichkeit. An der Pariser Sorbonne hielt er einen Vortrag über Geschichte und Bedeutung „körperlicher Übungen". Aus dieser Rede ist folgender Aufruf impulsgebend geworden:

„Lassen Sie uns Ruderer, Läufer, Fechter ins Ausland senden; das ist das wahre Freihandelssystem der Zukunft, und an dem Tag, an dem es in die Sitten des alten Europa eingedrungen sein wird, wird der Sache des Friedens eine neue und mächtige Stütze erwachsen sein."

Ein klares Bekenntnis zur Internationalität des Sports. Doch Coubertin erhielt kaum Zuspruch. Das nationale Denken war stark ausgeprägt. Man verstand ihn nicht.

Der Stratege Coubertin lud daher als Generalsekretär der USFSA rund 18 Monate später zu einem Congrès International Athlétique vom 16. bis 23. Juni 1894 nach Paris ein. Ursprünglich sollte sich dieser internationale Kongress mit der Vereinheitlichung der Amateurbestimmungen beschäftigen. Coubertins eigentliches Anliegen war es jedoch, die Wiedereinführung der Olympischen Spiele unter den Bedingungen der Neuzeit zu erörtern. Aus neun Ländern waren 80 Persönlichkeiten angereist, niemand aus Deutschland.

Der Kongress, der als erster Olympischer Kongress in die Geschichte einging, beschloss am letzten Sitzungstag,

- ❖ die ersten Olympischen Spiele der Neuzeit 1896 in Athen zu veranstalten sowie
- ❖ ein Internationales Olympisches Komitee (IOC) zu gründen.

Dieses IOC sollte die Vorbereitung und Durchführung der Spiele alle 4 Jahre jeweils in einem anderen Land (Wanderspiele) organisieren. Der 23. Juni 1894 gilt daher als offizielles Gründungsdatum des IOC.

Der griechische Geschäftsmann und Schriftsteller **Demetrius Vikelas** (1835 – 1908) wurde als Vertreter des Gastgeberlandes zum ersten IOC-Präsidenten gewählt, während Coubertin als Generalsekretär fungierte. Die Berufung der weiteren 11 IOC-Mitglieder nahm Coubertin etwa einen Monat später persönlich vor.

Insgesamt betrachtet, ein großer Erfolg für Coubertin, auch, wenn nicht alle seine Pläne aufgingen. Er wollte nämlich die ersten Spiele der Neuzeit in seinem Heimatort Paris 1900 veranstalten. Doch in der allgemeinen Begeisterung entschieden sich die Delegierten für eine olympische Premiere bereits 1896 im Ursprungsland der Olympischen Spiele der Antike, in Griechenland, in Athen.

Die völkerverbindende Idee Coubertins fand in den vorwiegend nationalistischen Kreisen Frankreichs und Deutschlands wenig Anklang. Auch traditionelle Turnvereine leisteten Widerstand. Die ersten Olympischen Spiele der Neuzeit konnten sie jedoch nicht verhindern.

Vor rund 60.000 Zuschauern wurden am 6. April 1896 in Athen die ersten Olympischen Spiele der Neuzeit feierlich eröffnet, an denen 241 Sportler aus 14 Ländern bis zum 15. April 1896 an den Wettkämpfen teilnahmen. Laut Pierre de Coubertin sollten nur erwachsene, männliche Einzelkämpfer teilnehmen, ähnlich dem antiken Vorbild. Ab 1900 gingen jedoch auch Frauen an den Start. Als erste olympische Disziplin der Neuzeit wurden vier Vorläufe über 100 m ausgetragen. Da der Dreisprung noch vor dem 100 m-Finale endete, wurde der Amerikaner James Brendan Connolly erster Olympiasieger mit 13,71 m.

Die ersten Olympischen Spiele der Neuzeit 1896 in Athen waren ein voller Erfolg.

Abb. 28: Die Siegermedaille 1896: Vorderseite (li.): die Akropolis; Rückseite: Zeus mit einer Kugel und Siegesgöttin mit Ölzweig

Nach den Spielen übernahm Coubertin die Präsidentschaft des IOC, bis er 1925 abtrat.

Zuvor, in 1920, veröffentlichte Coubertin in der „Pédagogie sportive" sein Konzept einer sportlichen Erziehung, basierend auf drei Grundsätzen:
- ❖ Kult der Schönheit,
- ❖ Freude an der Muskeltätigkeit sowie
- ❖ Dienst an der Familie und Gesellschaft.

Abb. 29: Titelseite von „Sportpädagogik"

Kernpunkte sind dabei:
- ❖ der Friedensgedanke,
- ❖ Streben nach Verständigung und Freundschaft,
- ❖ gegenseitige Achtung und Respekt voreinander und
- ❖ menschliche Vervollkommnung.

Ein Gleichklang mit der Kalokagathia, dem griechischen Erziehungsideal der Antike, ist nicht zu übersehen.

Der Siegeslauf der Olympischen Spiele und der Olympischen Bewegung war nicht mehr aufzuhalten. Auch Rückschläge in der Anfangszeit (Spiele in Paris und St. Louis) oder Krisen (z.B. Olympiaboykotts) vermochten dies nicht.

Die olympische Idee hatte sich durchgesetzt und lebt auch heute noch.

Hinterfragen wir, was macht den Kern der Olympischen Idee aus. Coubertin hat seine umfangreichen Erfahrungen und Erkenntnisse über Olympia so zusammengefasst:

"Olympismus ist eine Lebensphilosophie, die gleichsam die Bildung von Körper und Geist anstrebt. In der Verbindung des Sports mit Kultur und Erziehung soll ein Lebensstil entwickelt werden, der Freude an der Leistung mit dem erzieherischen Wert des guten Beispiels und dem Respekt vor universalen und fundamentalen ethischen Prinzipien verbindet."

Baron Pierre de Coubertin initiierte also ganz bewusst eine *pädagogische Bewegung*, die alle vier Jahre mit den Olympischen Spielen ihren Höhepunkt finden sollte.

Mehr über Coubertin und seine Olympische Idee: Siehe Teil 2 der 5-teiligen Reihe.

III. Golf und Olympia
Eine Dokumentation. Beraten mit dem Deutschen Golf Archiv an der Deutschen Sporthochschule Köln

1. Paris 1900: Das erste olympische Golfturnier

Abb. 30: Eröffnung der Weltausstellung

Die Spiele der II. Olympiade fanden in Paris im Rahmen der Weltausstellung statt.
(*Exposition Universelle et Internationale de* Paris)

Die olympischen Wettkämpfe ...
- ❖ verteilten sich über 5 Monate zw. 14.05. und 18.10.1900,
- ❖ waren „lästiges" Anhängsel der Weltausstellung,
- ❖ hatten damals noch keinen Stellenwert,
- ❖ Zuschauer kamen nur zufällig vorbei.

Der Name „Olympische Spiele" wurde in keinem offiziellen Bericht erwähnt und in nur wenigen Veröffentlichungen jener Zeit verwendet. Wettkämpfe trugen den offiziellen Namen ...
Concours Internationaux d'Exercices Physiques et de Sports
   (Internationale Wettbewerbe für Leibesübungen und Sport).

Das Internationale Olympische Komitee (IOC) hat jedoch die Olympischen Spiele als solche legitimiert. Erstmalig nahmen Frauen teil.

Abb. 31: Poster, Paris 1900

Das Olympische Golfturnier 1900

Das IOC ordnete die Golfwettbewerbe dem Programm der Olympischen Sommerspiele 1900 zu.

Die Wettbewerbe fanden zwischen dem 2. und 4.10.1900 statt.

Austragungsort:
- Golfplatz der Société du Sport in Compiegne
- 80 km nördlich von Paris
- Die Anlage verfügte über 9 Löcher.

Männerturnier:
- am 2. Oktober und 4. Oktober 1900
- Es wurden 4 Runden gespielt.
- insgesamt 36 Löcher
- am Start: 12 Spieler

Damenturnier:
- am 3. Oktober 1900
- Es wurde eine Runde gespielt.
- somit nur 9 Löcher
- 10 Spielerinnen nahmen teil.

Insgesamt spielten 22 Golfer aus 4 Nationen: USA, GB, FR, GR.

Abb. 32: Damengolf bei Olympia 1900

Die Ergebnisse:

Männerturnier

	Spieler	Alter	Nation
1	Charles Sands	34	USA
2	Walter Rutherford	30	Großbritannien
3	David Robertson	31	Großbritannien
4	Frederick Taylor	44	United States
5	John Daunt	34	Großbritannien
6	George Thorne		Großbritannien
7	William Dove	28	Großbritannien
8	Al Lambert	24	United States
9	Arthur Lord	31	USA
10	Pierre Deschamps		Frankreich
11	Alexandros C. Merkati	25	Griechenland
12	M. Van de Wynckélé		Frankreich

Der 1. Golf-Olympiasieger:
Charles Edward Sands

* 1,81 m groß
* geboren: 22.12.1865 in New York
* gestorben: 09. 08.1945 in Brookville
* benötigte 176 Schläge für den Sieg
* Golfclub: St. Andrews Golf Club, New York
* CH. E. S. nahm auch beim Tennisturnier teil, schied aber in der ersten Runde aus.

Die Ergebnisse:

Damenturnier

	Spielerin	Alter	Nation
1	Margaret Abbott	21	USA
2	Polly Whittier	23	USA
3	Daria Pratt	41	USA
4	Mme. Froment-Meurice		Frankreich
5	Ellen Ridgway	33	USA
6	Madeleine Fournier-Sarlovèze	26	Frankreich
7T	Mary Abbott	42	USA
7T	Lucile, Baroness Fain		Frankreich
9	Rose Gelbert	26	Frankreich
10	A. Brun		Frankreich

Die 1. Golf-Olympiasiegerin:

Margaret Ives Abbott
* geboren: 15.06. 1878
  in Calcutta, West Bengal, India
* gestorben: 10.06. 1955
  in Greenwich, Connecticut, USA
* Golfclub: Chicago Golf Club

Sie war mit ihrer Mutter auf Bildungsreise, studierte Kunst und Musik in Paris, wurde durch ein Plakat zur Teilnahme animiert, erfuhr zu Lebzeiten nicht, dass sie Olympiasiegerin geworden war! Mutter spielte mit, belegte Platz 7.

2. St. Louis 1904: Das zweite olympische Golfturnier

Die Olympischen Spiele waren wiederum nur Anhängsel der Weltausstellung Louisiana Purchase Exposition in St. Louis, USA.

Diese Weltausstellung wurde, mit einjähriger Verspätung, zur Feier des 100. Jubiläums des Louisiana Purchase, also des Verkaufs der französischen Kolonie Louisiana an die USA im Jahr 1803, organisiert.

Abb. 35: Olympiaposter 1904

Ursprünglich entschied jedoch das IOC am 22. Mai 1901, die III. Olympischen Spiele in Chicago durchzuführen. Nach dem Tod des Schirmherrn, des Präsidenten William McKinley, setzte sich sein Nachfolger, Theodore Roosevelt, für einen Wechsel nach St. Lous ein. Man versprach sich mehr davon. In Absprache mit Roosevelt stimmte das IOC am 23.12.1902 für St. Louis ab.

Coubertin selbst war frustriert von dieser Entscheidung, reiste nicht zu der Weltausstellung, sondern verbrachte die Tage in Bayreuth.

Die olympischen Spiele, Fakten in Kurzform:
- ❖ Vom 1. Juli bis zum 23. November 1904 durchgeführt.
- ❖ Viele Athleten nahmen die Spiele nicht zu Kenntnis.
- ❖ Nur 8 Länder schickten aus ihrer Heimat Sportler.
- ❖ Österreich, Frankreich und die Schweiz waren nur von Athleten vertreten, die in den USA lebten/trainierten.
- ❖ Nur 682 Teilnehmer, darunter lediglich 6 Frauen.
- ❖ 17 Wettkämpfer aus Deutschland beteiligten sich.
- ❖ Zum ersten Mal durften Schwarze starten.

Das Olympische Golfturnier 1904

Golf zum zweiten Mal olympisch.

Die Golfwettbewerbe fanden zwischen dem 17. September und 24. September 1904 statt.

Austragungsort
- ❖ Golfplatz Glen Echo Golf Club
- ❖ im westlich von St. Louis gelegenen Vorort Normandy

Teilnehmer
- ❖ Der Golfclub hatte über 5.000 Einladungen in zahlreiche Länder verschickt.
- ❖ Es meldeten lediglich 3 Kanadier und 72 Amerikaner.

Männerturnier

1. Das olympische Einzelturnier mit 75 Golfern
   - ❖ Eine Qualifikationsrunde Zählspiel-Verfahren (stroke play) um das Teilnehmerfeld auf 32 Golfer zu reduzieren.
   - ❖ In 4 folgenden Runden wurden im Lochspiel-Verfahren (match play) die beiden Finalteilnehmer ermittelt.

2. Der olympische Mannschaftswettbewerb
   - ❖ Eine Mannschaft bestand aus zehn Spielern.
   - ❖ stroke play über 2 Runden = 36 Löcher

Ein Damenturnier fand nicht statt!

Die Ergebnisse:

Im Finale standen sich Chandler Egan (USA) und George Lyon (Kanada) gegenüber. Bei regnerischem Wetter besiegte Lyon mit 3:2 den Favoriten. Um Platz 3 gab es keine Ausscheidung.

Die Einzelergebnisse in der Übersicht:

Platz	Land	Spieler
1	KAN	George Lyon
2	USA	Chandler Egan
3	USA	Burt McKinnie
3	USA	Francis Newton
5	USA	Daniel Sawyer
	USA	Harry Allen
	USA	Albert Lambert
	USA	Mason Phelps

Olympiasieger 1904: Der Kanadier George Seymour Lyon
* geboren: 27.07.1858 in Richmond, Ontario
* gestorben: 11.05.1938 in Toronto, Ontario
* Golfclub: Rosedale Golf Club und Lambton Golf Club

Die Mannschaftsergebnisse:
1. USA mit Western Golf Association, 1.746 Schläge
2. USA mit Trans Mississippi Golf Association, 1.770 Schläge
3. USA mit United States Golf Association, 1.839 Schläge
   Ursprünglich hatten sechs Teams gemeldet, nur 2 erschienen. Zufällig anwesende Spieler bildeten ein drittes Team, das für den nationalen Verband United States Golf Association antrat.

3. Über Bemühungen um ein Golf-Comeback

Golf war bisher nur 1900 und 1904 olympisch. Danach gab es mehrere Versuche, Golf in das Olympiaprogramm zu integrieren.

3.1 Bemühungen von Olympiastädten und Organisationskomitees (Beispiele)

1908 London:
- Der Royal St. George's Golf Club von Sandwich erklärte sich bereit, ein Zählwettspiel auszurichten.
- Der Kanadier George Lyon reiste nach London, um seinen Olympiatitel von 1904 zu verteidigen, doch das geplante Golfturnier wurde kurzfristig abgesagt.
- Er war der einzige Teilnehmer.
- Ihm wurde die Goldmedaille angeboten, er lehnte ab.

1912 Stockholm:
- Das Britische Olympische Komitee kontaktierte in 1909 den Royal & Ancient Golf Club of St. Andrews hinsichtlich der Olympischen Spiele 1912.
- Die Hauptversammlung des R&A diskutierte darüber am 4. Mai 1909 und stellte klar: „... Golf ist **kein** Spiel, das geeignet ist, unterstützt zu werden durch die Aufnahme in das Olympische Programm."

1916 Berlin (Planung):
- Die 14. Session des IOC beauftragte im Juli 1912 die Stadt Berlin mit der Austragung der Spiele 1916.
- Deutschland wollte Golf zurück ins Olympische Programm bringen.
- Carl Diem, Generalsekretär des Deutschen Reichsausschuss für Olympische Spiele, stellte Coubertin, Präsident des IOC, den Programmentwurf, der auch Golf beinhaltete, vor.

- ❖ Dem Entwurf wurde zugestimmt.
- ❖ Bereits am 13.11.1913 wurde das Olympiaprogramm, einschließlich Golf, der Öffentlichkeit vorgestellt.
- ❖ Ein Einzel- und ein Mannschaftszählspiel waren vorgesehen.
- ❖ Das Turnier sollte am 28.05.1916 um 9.00 Uhr auf dem Golfplatz Berlin-Westend beginnen.
- ❖ Aufgrund des 1. Weltkrieges fanden keine Olympischen Spiele statt.

1920 Antwerpen:
- ❖ Ein Golfturnier war im Golf Club Cappelen vorgesehen.
- ❖ Ein Mangel an Anmeldungen verhinderte die Durchführung.

1936 Berlin:
- ❖ Berlin hielt 1932 den Zuschlag für die Spiele 1936.
- ❖ Wieder wurde die Durchführung eines Golfturniers ins Auge gefasst.
- ❖ Ohne ein IOC-Verfahren zur Aufnahme von Golf beantragt zu haben, stürzten sich die Deutschen auf die Vorbereitung eines Olympischen Golfturniers.
- ❖ Man stützte sich auf den Beschluss des IOC-Kongresses von 1914 in Paris, nachdem Golf als fakultative Sportart ins Standardprogramm gesetzt worden war.
- ❖ Spielstätte sollte Berlin-Wannsee sein.
- ❖ Ohne IOC-Verfahren und ohne Zustimmung aus dem R&A St. Andrews gibt es kein Olympisches Golfturnier!
- ❖ Olympisch war Wannsee aber dennoch: die Modernen Fünfkämpfer trugen am 6.08.1936 ihren Geländelauf auf dem Gelände des Golfareals aus.

3.2 Persönlichkeiten engagierten sich für Golf bei Olympischen Spiele (Beispiele)

Bernhard von Limburger
Verleger des Deutschen Golf-Verlages, Golfschriftsteller, Golfplatzarchitekt, deutscher Meister in Golf 1921. In „Das Olympia-Buch" schrieb er 1927 bezugnehmend auf Golf und die internationalen Beziehungen:

„... dazu sind in erster Linie die Olympischen Spiele geeignet, so dass gerade wir Deutschen ein Interesse daran haben, die Forderung zu stellen: ‚Auch Golf soll gleich den anderen großen Weltsports bei den Olympischen Spielen vertreten sein."

Roy Paxton, Präsident der Australischen Golf Union
In 1952 erklärte er:
„Wir haben St. Andrews gebeten, die Angelegenheit mit dem Amerikanischen Golf Verband zu besprechen. Ich sehe keine Gründe, die einer Verwirklichung unseres Planes im Wege stehen könnten."
Sein Plan: Golf in Melbourne 1956.

Der IOC-Vertreter Kanadas
Er wandte sich in 1953 an das IOC-Mitglied Dr. Franz Mezö (Ungarn). Seine Bitte: den Antrag Kanadas, Golf in das Programm aufzunehmen, zu unterstützen.

Marshall Bachenheimer, Präsident Colt Golf, New York
Sendete am 9.11.1955 ein Telegramm an Mr. Wilson, Präsident des NOK der USA. Darin protestierte er, dass Golf noch immer nicht Eingang ins Olympische Programm gefunden hat. Da er keine Antwort erhielt, wandte er sich am 14.11.1955 mit einem Brief an A. Brundage, Präsident des IOC.

IOC-Mitglied Prinz Pierre von Monaco

Sprach in 1955 mit dem IOC-Präsident Brundage über Golf und die Olympischen Spiele.

In 1959 intensiver Schriftwechsel mit dem IOC-Kanzler Otto Mayer über das Aufnahmeverfahren. Hinweis vom IOC, dass nur eine Fédération International de Golf die Sportart Golf für das Olympische Programm vorschlagen könne; frühestens für 1964.

In einem Brief vom 12.03.1959 an Mr. Ames, Präsident der USGA, forderte der Prinz ihn auf, Schritte in Richtung Olympia einzuleiten. Mr. Ames antwortete, dass die World Amateur Team Championships bereits dem Anliegen des Internationalen Welt Amateurgolfsports diene.

IOC-Präsident Lord Killanin

Er wies in 1976 ebenfalls darauf hin:

„... dass niemand bisher eine offizielle Bewerbung abgegeben hat. ... Wenn die Golfer jemals Teil der Spiele sein möchten, ... so werden sie die Initiative übernehmen müssen."

Anmerkung: Erst 1989 wird der erste offizielle Antrag gestellt.

Willi Daume, Präsident des NOK Deutschlands (1961-1992) und IOC-Mitglied (1956-1991)

erklärte am 22.08.1988:

„Ich glaube, dass wir schon in zwölf Jahren Golf bei Olympischen Spielen sehen können, wenn man sich jetzt aktiv darum bemühen würde. ... Der Deutsche Golf Verband solle in diese Richtung aktiv werden. Wir würden einen solchen Vorschlag im NOK mit großem Wohlwollen aufnehmen."

3.3 Wie die Golfverbände zu Olympia und das IOC zu Golf standen

Die Golfverbände bis Mitte der 1980er Jahre eher ablehnend.
Auf der Generalversammlung der World Amateur Golf Council (WAGC) in Rom 1964 sprach man sich gegen Golf bei Olympia aus. Mit folgender Meinung stand J.C. DEY, Executive Director des USGA, nicht allein: *„Wenn man an der Olympiade teilnimmt, muss man bereit sein, einige Ideale seines Sports aufzugeben."*

Andere Events standen im Interesse der Verbände, so z.B. die Amatateur-Team-Weltmeisterschaft oder der World Cup.

Die International Golf Conference von 1985 in St. Andrews sprach sich ebenfalls gegen die Idee von Golf bei Olympia aus.

In 1988 erfolgte die Gründung der World Golf Association (WGA) zwischen europäischen Amateur- und Profi-Verbänden. Damit entstand neben dem WAGC ein zweiter Weltgolfverband. Außerdem gab es weitere sehr einflussreiche internationale Golfverbände.

Somit hatte das IOC leider keinen „Ansprechpartner". So wunderte es nicht, dass 1989 der erste offizielle Antrag des WGA, Golf ins Olympische Programm aufzunehmen, abgelehnt wurde.

Im Januar 1991 wurde die WGA wieder aufgelöst, um den Weg frei zu machen für den WAGC. In 1991 erkennt das IOC den WAGC (heute: International Golf Federation) *als Internationalen Verband* für die Sportart Golf an.

Die 114. Vollversammlung des IOC lehnte 2002 einen Vorschlag zur Streichung von 3 Sportarten ab, so dass keine neuen Sportarten, auch Golf nicht, ins Olympische Programm aufgenommen werden konnten.

Die 117. IOC-Vollversammlung in 2005 ließ eine Abstimmung über neue Sportarten u, darunter auch Golf, jedoch keine der insgesamt 5 Kandidaten erreichte die erforderliche Zweidrittel-Mehrheit der Wahlberechtigten.

In Vorbereitung auf die 121. IOC-Vollversammlung in 2009, die abermals über die Aufnahme neuer Sportarten abstimmen wollte, nahm die Golferwelt einen neuen Anlauf. Die größten Golfverbände haben sich zu einem *„Olympischen Golf-Komitee"* zusammengeschlossen. Diesem gehörten an:

Internationaler Golf-Verband (IGF), als Dachverband vom IOC anerkannt, PGA Tour Inc., Royal & Ancient St Andrews, European PGA Tour, LPGA, U.S. Golf Association, PGA of America, Augusta National. Diese 8 Verbände / Organisationen forcierten gemeinsam die Aufnahme von Golf in das Programm der Olympischen Sommerspiele 2016.

Auch Spitzengolfer/innen waren auf Olympia-Werbetour:

„We support golf in the Olympic Games":
Tiger Woods (USA), Phil Mickelson (USA), Vijay Singh (Fidschi), Ernie Els (Südafrika), Ryuji Imada (Japan), Camilo Villegas (Kolumbien), Sergio Garcia (Spanien), Mike Weir (Kanada), K. J. Choi (Südkorea), Annika Sörenstam (Schweden), Suzann Pettersen (Norwegen), Lorena Ochoa (Italien), Karrie Webb (Australien) und andere.

Die Entscheidung fiel **am 9. Oktober 2009** in Kopenhagen:
Die 121. IOC-Vollversammlung fasste den Beschluss, zwei Sportarten neu in das Olympische Programm von 2016 in Rio aufzunehmen, Rugby und **GOLF**:

Golf ist olympisch.
Es hat sich gelohnt!
Golf ist wieder 'drin!

Ein großer Ansporn für die golfende Jugend, noch zielgerichteter und intensiver bei „Abschlag Schule" bzw. im Golfclub zu trainieren sowie die Golfwettspiele im Rahmen von „JUGEND TRAINIERT FÜR OLYMPIA" zu bestreiten.

Siehe auch Teil 4 der 5-teiligen Reihe.

4. Rio 2016: Das olympische Golf-Comeback

Die Olympischen Spiele **in Rio de Janeiro** wurden vom 5. bis 21. August 2016 durchgeführt. Das Olympische Golfturnier fand an insgesamt 8 Tagen statt. Gespielt wurde auf einem neuen Golfplatz in Reserva de Marapendi in der Provinz Barra da Tijuca, nahe Rio de Janeiro: Platzlänge des Herren-Courses: ca. 6.584 m und des Damen-Courses: ca. 5.902 m.

Auf Vorschlag der International Golf Federation (IGF) gab es folgende **Festlegungen** für das Olympische Golfturnier:

Spielform: Ein Einzel-Zählspiel über 72 Löcher an vier Tagen für die Herren und ebenfalls an vier Tagen für die Damen

Teilnehmerfeld: Qualifizierung für Rio auf der Grundlage der Weltranglisten. Qualifiziert sind 60 Herren der Official World Golf Rankings (OWGR) sowie 60 Damen der Rolex Rankings. Die besten 15 sind automatisch startberechtigt, unabhängig aus welchem Land. Der „Rest" des Feldes wird ebenfalls durch die Weltrangliste bestimmt, aber mit maximal 2 Spielern pro Land.

Bei der Umsetzung dieser Regelung gab es jedoch besonders bei den männlichen Profis erhebliche Probleme in Gestalt einer *hohen Anzahl von Absagen*. Laut dpa von den Top 50 der Welt nur 17 vertreten. Die Begründungen reichen von Angst vor dem Zika-Virus bis Einordnung des Turniers als „belanglos".

Das Starterfeld in Rio nach Ländern sah so aus:
Herren: Aus 34 Ländern reisten die Golfer an. Darunter 11 Länder mit je 1 Spieler, 21 Länder mit je 2 Sportlern sowie China mit 3 und die USA mit 4 Golfern.
Damen: 35 Länder entsandten ihre Teilnehmerinnen. Darunter 13 Länder mit je 1 Spielerin, 20 Länder mit je 2 Golferinnen sowie die USA mit 3 und Süd-Korea mit 4 Sportlerinnen.

Zu den Ergebnissen
Männer:
- ❖ Gold: Justin Rose, England, 268 Schläge (Total -16)
- ❖ Silber: Henrik Stenson, Schweden, 270 Schläge (-14)
- ❖ Bronze: Matt Kuchar, USA, 271 Schläge (-13)

Damen:
- ❖ Gold: Inbee Park, Südkorea, 268 Schläge (Total -16)
- ❖ Silber: Lydia Ko, Neuseeland, 273 Schläge (-11)
- ❖ Bronze: Shanshan Feng, China, 274 Schläge (-10)

Golfgeschichte schrieben auch diese 4 Golfer:
Beim 3. Olympischen Golfturnier nach 112 Jahren nahmen *erstmals* deutsche Golfsportler teil:

* Martin Kaymer (Platz 15) * Alexander Cejka (21)
* Sandra Gal (25)   * Caroline Masson (21)

Caroline und Sandra sowie Alex und Martin gewannen zwar keine Medaillen, jedoch trifft für sie olympische Größe zu: Sie zeigten wahren olympischen Sportsgeist durch ihr faires und sportliches Auftreten vor, während und nach Olympia! *(Foto: DGV)*

Kurzes Fazit

Trotz der Probleme im Vorfeld: Rio erlebte ein gelungenes Golf-Comeback sowie eine allgemeine Vorfreude auf Tokio 2020.

Golf ist wieder „drin", das war die wichtigste Zielstellung.

Dennoch sollten Überlegungen angestellt werden.
1. Zum Beispiel über den Teilnehmerkreis.
Soll es ein reines Profiturnier bleiben oder sollte man nicht eher das ganze Spektrum der Golferwelt berücksichtigen?
Vielleicht derart, dass Nationalteams antreten, die sich zusammensetzen z.B. aus:

> 2 Profis,
> 2 Amateurgolfer,
> 2 Jugendgolfer (16 – 19 Jahre) und
> 2 Senioren.

2. Auch über den Spielmodus sollte man nachdenken.
Beispielsweise würde sicherlich ein Matchplay mehr Spannung bieten als ein Zählspiel.

3. Ganz wichtig wäre vor allem eine generelle Aufwertung des olympischen Golfturniers.
Konsequenzen u.a. daraus:

- bessere terminliche Abstimmung zwischen Olympia und den weltweiten Tour-Plänen,

- Olympische Idee noch zielgerichteter in der Golferwelt verbreiten und die Olympische Erziehung vertiefen.

5. Olympic Golf – Tokio 2020

Die japanische Hauptstadt richtet nach 1964 nunmehr zum zweiten Male Olympische Spiele aus.

Die Spiele der XXXII. Olympiade werden vom 24.7. - 9.8.2020 in Tokio stattfinden.

Die Golfsportler/innen werden im Kasumigaseki Country Club abschlagen.

Es ist ein privater Golfplatz in der Stadt Kawagoe, Präfektur Saitama, in der Nähe von Tokio.

Zugleich ein traditionsreicher Club, der bereits seit 1929 besteht und damit der erste Golfplatz in Saitama war.

Hier fanden u.a. statt:

- ❖ der Canada Cup 1957
- ❖ die Japan Open Golf Championship im Jahr 1933, 1956, 1995 und 2006 sowie
- ❖ die Asian Amateur Championship im Jahr 2010

Der Kasumigaseki Country Club verfügt über zwei neugestaltete Golfplätze: East Course und West Course.

Die Teilnehmer am Olympischen Golfturnier 2020 werden auf dem East Course an den Start gehen können.

Für Zuschauer sind rund 1.000 Sitzplätze und 24.000 Stehplätze vorgesehen.

Anhang: Literaturhinweise

Die komplette Literaturliste und Bildnachweis für die gesamte Reihe, siehe Teil 5.
Hier nur die 25 Publikationen von Rainald Bierstedt auf einen Blick (*siehe auch unter: www.schul-golf.de*):

Aktuell
1. „ABSCHLAG GOLF: JUGEND & OLYMPIA". Handbuch
2. „GOLF-OLYMPISCHES VON A BIS Z".

Junior Reihe: Beiträge zur Verbreitung der Olympischen Idee:
3. „Olympische Spiele und Golf". Teil 1
4. „Olympische Idee und Ideale im Golf". Teil 2
5. „Fair geht vor! Und Spirit of the Game! Teil 3
6. „Citius – Altius – Fortius". Teil 4
7. „Golf-Olympisches Workbook". Teil 5
8. „SCHULSPORT GOLF". Lehrer-Handbuch, (Vorank. 2017)

Außerdem sind erschienen:
Zum Themenfeld GOLF & SCHULE:
9. „Schule + Golf = Schulgolf". Golf im Unterricht
10. „Das 1 x 1 des Caddying". Projekt zur Golf WM
11. „Die kleine Golfregel-Fibel". Über Etikette und Golfregeln
12. „Auf der Runde". Technik und Taktik-Tipps
13. „Grundwissen Golf". Was man über Golf wissen sollte
14. „Golfsprache Englisch". Words/Phrases/Backgrounds
15. „Golf in der Schule". Lehrer-Handreichung
16. „Golfen ist cool!". Schüler-Handbuch
17. CD-ROM: „Golf-Blätter". Über 130 Kopierseiten
18. CD-ROM: „Pädagogisches". Rahmenlehrplan Golf u.a.m.
19. CD-ROM: "Easy English". Golfsprache Englisch
20. DVD: "Caddying". Ein Lehrfilm, Schülerprojekt
21. Bildband: „20 Jahre Schulfach Golf und vieles mehr"
22. CD-ROM: „Wahlpflichtfach Golf". Impressionen

Zum Themenfeld OLYMPIA-GOLF-JUGEND
23. „Abschlag Rio: Jugend trainiert *GOLF* für Olympia"
24. „Das Arbeitsheft zum Buch ‚Abschlag Rio ...". Format A 4
25. CD-ROM: „Arbeits- und Kopiermaterialien JFTO"